영적 여정의 길잡이

영성일지 기록하기

영성일지 기록하기
Journaling: A Spiritual Journey

초판 발행 | 2001년 7월 15일
재판 발행 | 2008년 3월 20일
지은이 | 앤 브로일즈
옮긴이 | 엄성옥
발행처 | 도서출판 은성
등록 | 1974년 12월 9일 제9-66호
주소 | 서울 강동구 성내동 538-9
전화 | 02-477-4404
팩스 | 02-477-4405
http://www.eunsungpub.co.kr

출판 및 판매에 관한 모든 권한은 본 출판사가 소유하고 있습니다.
출판사의 사전 서면 허락 없이 상업적인 목적으로 번역, 재제작, 인용, 촬영 등을 할 수 없음을 알려드립니다.

Printed in Korea
ISBN 89-7236-270-0 33230

Originally published in English under the title of *Journaling: A Spiritual Journey* by Ann Broyles.
Published by Upper Room Books, in U. S. A. in 1999.
All rights to this book, not specially assigned herein, are reserved by the copyrights owner.
All non-English rights are contracted exclusively through Upper Room Books.

Journaling

A Spiritual Journey

by
Anne Broyles

translated by
Eum Sung Ok

영적 여정의 길잡이

영성일지 기록하기

앤 브로일즈 지음
엄성옥 옮김

차례

- 9   **서론**
- 21   **첫째 주** | 일상생활의 사건들을 기록하기
- 38   **둘째 주** | 성경을 읽고 일지쓰기
- 62   **셋째 주** | 지도자를 받아 묵상하면서 일지쓰기
- 100   **넷째 주** | 꿈으로 일지쓰기
- 116   **다섯째 주** | 독서를 토대로 하여 일지쓰기
- 134   **여섯째 주** | 일지쓰기로서의 대화
- 146   **에필로그** | 미래를 바라보십시오

서론

내가 사는 곳에서는 종종 마른 번개가 치곤 한다. 해마다, 날씨가 건조해지고 계곡에 가을 바람이 불어올 때 쯤이면, 우리는 불이 날 경우를 대비하여 자동차에 귀중품을 실어 두곤 했다. 우리는 옷, 책, 미술품, 가전 제품 등 다시 구입할 수 있는 물건들은 차에 싣지 않고, 우리의 가족이라고 할 수 있는 애완동물, 앨범, 스크랩북 등은 자동차에 실었다. 왜냐하면 우리가 완전히 새로운 미래를 시작해야 할 경우를 대비하여, 과거의 일부를 가지고 가고 싶었기 때문이다.

우리가 자동차에 싣는 물건들 중에는 내 남편과 아들과 딸, 그리고 내가 기록해온 일지들을 보관해둔 상자들도 포함되어 있다. 내 상자 안에는 표지가 낡은 책들(1966년에 기록한 플라스틱 표지의 일지), 스프링 노트, 그리고 여러 해 동안 내 생각과 느낌, 그리고 일상 생활의 자세한 내용을 기록한 양장 표지로 된 일지들도 있다. 나는 이 일지들을 자동차에 실으면서, "이 상자 안에 나의 일생이 들어 있다"고 생각한다. 그 일지들은 나에 대해서 나의 자서전이나 전기가 말해주는 것보다 더 많은 것을 말해준다. 아주 어렸을 때에 서툰 글씨로 쓴 것("나는 언제나 엄마를 사랑한다" 또는 "자전거를 타고 마구간에 들어갔다")에서부터 방황하는 십대를 거쳐 내가 장성하여 어머니, 아내, 작가가 되면서 기록한 깊은 내면 탐구에 이르기까지 모두 들어 있는 이 상자는 내가 어려서부터 지금까지 여러 단계를 거쳐 성장하면서 일지를 기록함으로써 나 자신을 어떻게 발견해왔는지는 보여준다.

일지를 쓰는 것은 발견하는 일이다. 어느 시대에나 사람들은 자신의 삶에 대해 기록해왔다. 원시 시대에는 동굴 벽에 그림을 그림으로써 생활에 대한 기록을 남겼다. 또 구두로 전해 내려오는 이야기들을 통해서도 삶에 대한 기록은 보존되어 왔다. 문명이 발달하면서, 사람들은 자신의 생각과 경험, 개인적인 이야기나 집단의 이야기를 기록하기 시작했다. 수백 년 동안, 사람들은 일지를 씀으로써 자신과 자신이 사는 세상에 대한 새로운 것을 발견해 왔다.

이러한 기록, 또는 일지들은 여러 가지 이유 때문에 보존되었다. 어떤 사람들은 자신을 역사가로 생각하고서 역사 안에서의 자신의 관점에서 삶을 연대순으로 기록했다. 또 어떤 사람들은 개인적인 용도를 일기를 작성했다. 아마 그들이 기록한 것(그리고 그것을 다시 읽는 것)은 진보를 계획하거나 삶의 목표를 달성하는 데 도움이 되었을 것이다. 일지나 일기를 작성한 이유가 무엇이든지 간에, 많은 사람들은 일지 쓰기가 득이 되는 습관이라는 것을 깨달았다.

일지를 쓰는 이유

일기(diary)와 일지(journal) 사이에는 차이점이 있다. 일기는 우리 자신의 삶에서 일어나는 일상적인 사건들의 기록이다. 일지의 출발점도 일기와 동일한 사건들일 수 있지만, 일지를 쓸 때에 우리는 자신이 그 사건들의 영향을 어떻게 받는지 파악하기 위해 내면을 살펴본다.

우리는 일기에 "리츠와 바바라와 함께 점심을 먹었다"라고 적을 수 있다. 일지는 그 사람의 경험을 보다 깊이 생각하며, 보다 심오한 감정을 기록한다: "우리가 대화를 하는 동안, 나는 나의 느낌이 그들과 무척 다르다는 것을 깨달았다. 언제부터 그렇게 되었을까? 여러 해 동안 그들과 교제해왔는데, 지금 그들과 공통된 느낌이 거의 없는 이유는 무엇일까? 변화된 것은 그들일까, 아니면 나일까?"

우리 각 사람은 일상 생활, 여러 가지 관계, 세상의 사건들 등에 대한 자신의 느낌을 분류하면서 일종의 내적 대화를 진행한다. 일지 쓰기는 우리의 정신이 생각하고 마음이 느끼는 것을 분명하게 만들기 위해서 "자신과의 대화"를 종이에 적는 과정이다.

자신의 삶의 이야기를 종이에 기록하는 것은 일종의 분명하게 밝히는 과정으로서 유익하다: 나는 누구인가? 나는 지금 무슨 일을, 왜 하고 있는가? 나의 인생, 나의 세계에 대해 나는 어떻게 느끼는가? 나는 어떻게 변화되고, 성장하고 있는가?

어떤 사람은 일지 쓰는 것에 대해 이렇게 말한다. "실제로 종이에 기록하는 것은 나의 정신을 깨끗하게 해주는 역할을 한다. 나는 말하고 싶은 것이 무엇인지를 생각하면서, 내가 어떻게 느끼고 있는지를 깨닫는다. 그리고 어느 정도 기분이 좋아진다. 나는 마치 친구에게 말하고 있는 것처럼, 나 자신이 하는 말을 듣는다."

영성훈련으로서의 일지 쓰기

일지 쓰기는 단순히 "철저하게 생각하기 위한" 수단 이상의 역할을 할 수 있다. 즉 하나의 영성 훈련이 될 수 있다. 어떤 사람은 성경 공부에 대한 반응으로 일지를 쓸 것이다. 또 어떤 사람은 묵상을 하거나 침묵 시간을 보내고 나서 그 동안에 떠오른 생각과 기도를 기록할 수도 있다. 또 다른 사람은 일상의 사건들을 기록하고서, 그러한 일상적인 것 안에서 하나님의 손을 볼 수도 있다. 일지 쓰기는 자유롭게 해주는 영성 훈련일 수 있다. 그 이유는 영적 성장을 위한 정해진 방법이란 없으며, 하나님께 더 가까이 가려는 갈망과 펜과 펜을 공통적으로 소유하는 다양한 방법이 있기 때문이다.

하나님은 세상과 우리의 삶 속에서 여러 가지 방법으로 활동하신다. 우리는 푸른 바다 너머로 비구름이 일어나는 것을 보면서 하나님의 신비를 느낄 수 있다. 또 친구의 위로를 받을 때에 하나님의 사랑을 경험할 수도 있다. 집없는 사람들의 곤경을 다룬 회의에 참석하여 하나님의 긍휼하심으로 가득찰 수도 있다. 기도하는 동안에 하나님의 평화를 느낄 수 있으며, 성경을 공부하면서 하나님의 도전을 받아 혼란을 느낄 수도 있다. 하나님은 우리의 의식적인 경험과 무의식적인 경험 속에게 우리에게 오신다. 그러므로 하나님은 삶 전체 안에 계신다.

하나님의 활동이 분명히 보이는 때가 있다: 특별히 응답된 기도, 구속함을 받을 수 없는 듯한 상황에서의 구원, 필요한 순간에 놀랍게 주어진 능력 등 안에서 하나님의 활동이 분명히 나타난다. 반면에 우리가 시간을 가지고 자신의 삶에 대해 묵상할 때에 하나님과 우리의 상호 관계를 인식할 때가 있다.

일지를 쓰는 것은 우리에게 자신을 돌이켜 볼 수 있는 수단을 제공해 준다. 우리에게는 세상을 사랑하시는 분에게 우리 자신을 개방할 수 있는 시간과 공간이 주어져 있다. 일지 쓰기는 우리가 자신을 완전히 드러낼 수 있는 개인적인 훈련이다. 다른 사람들이 우리의 생각에 대해 무엇이라고 생각할지 신경을 쓸 필요가 없고, 표현에 신경을 쓸 필요도 없다. 일지 쓰기는 우리의 참된 자아와 진리의 하나님 사이에서 이루어지는 것이다. 일지를 쓸 때에, 우리는 자신의 참 모습을 알게 되며, 아무 것에도 상관하지 않으시고 우리를 사랑하시는 분이 우리를 영접해 주심을 느낀다.

우리가 하나님에 대한 믿음을 강화하기 위해서 펜과 종이를 사용할 때, 일지 쓰기는 영성훈련이 된다. 우리는 일지 쓰기를 기도나 성경공부, 금식, 또는 이미 하나님 안에 있는 우리의 삶의 일부가 된 다른 영성 훈련의 동반자로 사용할 수 있다. 일지 쓰기는 본질상 우리는 어떤 존재이며 우리의 삶 속에서 하나님은 어떤 분이신지를 깊이 계시해주기 때문에, 일지 쓰기는 우리의 영성생활을 깊게 해주는 중요한 도구가 될 수 있다.

『영성일지 기록하기』에서는 영적 성장을 위해 일지를 쓰는 방법의 본보기를 제공하려 한다. 영적인 일지를 작성하는 여섯 가지 방법을 한 주일에 한 가지 방법을 시험해 볼 수 있게 해 주는 구조로 간단히 설명할 것이다. 『영성일지 기록하기』는 개인이나 그룹에서 영적 일지를 쓰는 단기 과정으로 사용할 수 있다. 여섯 주간을 마치고 나면, 일지를 쓴 사람은 어떤 방법이 자신의 신앙의 여정에 가장 유익한지 알 수 있을 것이다. 에필로그에서는 앞으로 더 큰 성장과 일지 쓰는 데 도움이 될 개념들을 제공할 것이다.

그 여섯 가지 방법을 요약해 보면 다음과 같다:

1. 하나님은 일상생활의 현실적인 상세한 사건들 안에서 우리를 자주 만나 주신다. 당신은 설거지를 할 때, 물건 값을 지불할 때, 밤중에 아이들의 이불을 덮어줄 때에 부활하신 그리스도를 생각하게 되는가? 평화를 위한 행진을 할 때나 국회의원에게 편지를 쓰면서 하나님의 임재를 느끼는가? 삶에서 발생한 사건들을 일지에 기록하는 일은 삶 전체에서 하나님을 보는 일을 도와줄 수 있다.
2. 성경은 우리의 기초, 우리 믿음의 시금석이다. 성경에 대한 응

답으로 일지를 쓰면 우리가 서재에서 정보를 얻듯이 하나님의 말씀에 의해서 형성되는 데 도움이 된다. 성경적 이야기가 전개되는 것을 구경하는 구경꾼이 되지 말고 그 이야기에 적극적으로 참여해야 한다.

3. 지도자의 지도 하에 행하는 묵상은 우리를 정신 속 깊은 곳으로의 여행으로 인도해 주는데, 그곳에서는 상상력이 현실과 협력한다. 이 여정에서, 우리는 종종 의식의 모든 차원에 살아 계시는 하나님과 접하게 된다. 그러한 묵상은 특히 우리를 새로운 인식 안에서 하나님께 더 가까이 인도하기 위해 고안된 것이다.

4. 꿈은 수면 시간이 주는 특별한 선물이다. 이 무의식의 경험들을 통해서, 우리는 종종 깨어 있을 때 필요한 의미를 발견할 수 있다. 꿈쟁이이신 하나님(God the Dreamer)은 우리의 백일몽 속에서 우리에게 말씀하시고 우리를 환상으로 인도하시며, 그 다음에는 세상에서의 삶을 원래 의도되었던 대로 살게 하신다.

5. 일상적인 독서 시간(신문, 잡지 책 등을 읽는 시간)은 우리 자신과의 대화와 하나님과의 대화를 위한 기초가 될 수 있다. 특별히 마음에 와닿는 구절이 있는가? 우리가 그 구절들과 상호작용을 할 때에 그것들은 우리의 내면에서 하나님을 발견할 수 있는 비옥한 땅이 된다.

6. 대부분의 사람들은 매일 수십 차례 대화를 한다. 우리가 가족들, 친구들, 사업상 알게 된 사람들, 또는 낯선 사람들과 대화할 때, 하나님은 이 외관상 평범한 대화를 통해서 우리에게 말씀하실 수도 있다.

이 여섯 가지 방법은 일지를 작성하는 데 사용할 수 있는 많은 방법들 중에서 선택할 수 있는 출발점에 불과하다. 반드시 위에서 제시된 순서를 따르지 않아도 된다. 각 장은 나름의 특별한 일지쓰는 방법을 가지고 있으므로 독립되어 다룰 수도 있다. 따라서 만일 당신이 성경을 자료로 하여 일지를 쓰는 데 관심을 가지고 있다면, 곧바로 제2장을 다루어도 좋다. 당신이 일지 쓰기를 통해서 당신의 꿈을 탐구하고 싶다면, 제4장에서부터 출발하라. 물론 여섯 가지 방법 모두 탐구하기를 원할 수도 있다. 자신의 욕구와 기질에 가장 적합한 방법을 발견할 수도 있을 것이다. 또는 다른 방법들을 사용하면서 나름대로의 방법을 발견할 수도 있다. 당신의 영적 여정에서 당신에게 가장 도움이 될 방법으로 이 책을 자유로이 이용하라.

각 장에는 당신이 자신의 일지를 쓸 수 있도록 빈 면을 마련해 두었다. 각각의 항목에 날짜를 적는 것이 도움이 될 것이다; 세월이 흐른 뒤에 기록한 내용을 다시 읽어볼 기회가 있을 것이다. 빈 면은 자신에게 적절히 활용할 수 있다. 하루에 한 페이지만 써야 한다고 생각할 필요는 없다. 물론 당신이 일지를 쓰고픈 강력한 욕구를 느끼는 날도 있을 것이다.

기술이 고도로 발달한 이 시대에, 어떤 사람들은 일지를 쓰는 데 컴퓨터를 사용한다. 컴퓨터의 빈 화면도 일지의 여백 페이지와 동일한 목적에 사용되며, 플로피디스크에 쉽게 저장할 수 있다. 당신이 기록한 것을 검토하기를 원할 때에 쉽게 접근하기 위해서는 컴퓨터에서 작성한 일지도 다시 노트에 기록할 수 있다. 그것은 개인적으로 선택해서 행할 일이다. 나는 살아가면서 컴퓨터를 많이 사용하지만, 나의 인생을 고찰하면서 손으로 느끼는 유형적인 일지 책의 느낌을 좋아한다. 그렇기 때문에 나는 어디를 가든지 일지를 가지고 다닌다.

일지를 쓰는 데 녹음기를 사용할 때에도 동일한 제한이 적용된다. 만일 어떤 사람이 자동차를 타고 출근하는 동안에 녹음하는 것을 좋아한다면, 출퇴근 시간도 활용할 수 있다. 그러나 그리스도안에서의 성장을 기록하기 위해서 종이에 펜으로 기록하는 것에는 분명한 장점이 있다. 첫째, 일지에 자주 볼 수 있다. 당신이 어느 시점에 작성한 내용을 다시 읽고 싶다면, 카세트 테이프를 차례로 듣는 것보다 일지를 훑어보는 편이 더 쉬울 것이다. 녹음된 메시지는 제한적이다.

둘째, 육체적으로 기록하는 행동에는 독창성과 자기-인식을 발휘하게 해주는 것이 있다. 영적 성장은 단순히 말로만 이루어지는 것이 아니다. 일지를 기록할 때에, 당신의 두 손은 당신을 새로운 통찰로 이끌어줄 수 있다. 왜냐하면 당신의 손은 당신이 생각하고 느끼는 것을 다양하게 표현할 수 있기 때문이다. 일지를 쓰면, 오른쪽 뇌의 기능과 왼쪽 뇌의 기능을 활용할 수 있다.

일지 쓰기를 하나의 한정된 시간에만 유효한 활동으로 삼기보다 한 가지 일(일지에 기록하는 것)에 초점을 두면, 당신은 한 마음으로 하나님의 임재에 집중할 수 있다.

일지를 쓰기 시작하라

앤 모로우 린드버그(Anne Morrow Lindbergh)의 저서 『바다의 선물』(Gift from the Sea)은 다음과 같은 말로 시작된다:

> "나는 나의 특별한 생활 패턴, 개인적인 삶의 균형, 일, 그리고 인간관계 등을 생각해 내기 위해서 이 책을 저술하기 시작했다. 나는 손에 연필을 들었을 때에 가장 잘 생각할 수 있기 때문에, 나는 자연스럽게 기록하기 시작했다."

앤은 글을 쓰는 것 자체가 생활의 균형을 이루게 하는 데 도움을 준다는 것을 알고 있었다. 당신은 이제 기독교의 신앙 훈련으로서 일지 쓰기를 시작하려 하고 있다. 일지를 씀으로써 십자가에서 죽으심으로 만물을 균형 있게 하신 분과 관계를 가지는 당신이 누구인지 분명히 이해할 수 있게 될 것이다.

대부분의 사람들은 자신을 글쓰는 사람으로 여기지 않는다. "쓰기"라고 하면, 고등학교의 학기말 리포트, 유명한 소설가, 또는 날마다 신문에서 읽는 재미있는 칼럼니스트 등의 이미지를 떠오르게 한다. 그러나 "쓰기"에 대해 당신이 가지고 있는 이미지가 무엇이든 간에, 당신의 개인적인 일지에는 당신 자신의 문체가 가장 어울린다고 확신하라. 당신은 종이에 글을 쓰는 방법을 알아야 하지만, 당신이 아닌 다른 사람이 읽을 수 있어야 한다거나, 철자법과 구두점이 정확해야 한다는 것은 중요하지 않다. 중요한 것은 당신이 생명의 하나님과의 보다 긴밀한 관계를 구한다는 것, 그리고 하나의 영성 훈련으로서 일지를 쓸 준비가 되어 있어야 한다는 것이다.

하나님의 자녀인 당신은 무한한 가치가 있다. 당신의 말, 심지어 당신에게 아주 일상적인 것처럼 보이는 것에 대한 묘사는 특이하고 중요하다. 일지를 많이 써보면, 그에 비례하여 종이에 말을 기록하는 과정을 편안하게 여길 수 있을 것이다. 당신은 자신의 독창성이 성장하는 것을 보고 놀랄지도 모른다. 일지를 쓰면 갇혀 있던 상상력이 발휘된다.

우선, 일지를 마련해야 한다. 어떤 사람은 줄있는 스프링 노트를 사용하고, 어떤 사람은 백지 노트를 사용한다. 크기, 무게, 가격 등도 고려해야 한다. 그러나 당신의 영적 성장의 영구적인 기록이 될 수 있는 별도의 일지를 소유해야 한다. 이러한 일지는 불이 났을 때에 건져내야 할 중요한 재산 중 하나가 될 것이다. 왜냐하면 이 친구는 다른 사람들보다도 당신의 내면에 대해서 많은 것을 알고 있기 때문이다.

당신의 마음에 드는 펜이나 연필을 사용하라. 어떤 날은 굵은 검정색 펜으로 쓰고 싶고, 어떤 날은 가는 연필로 쓰고 싶을 것이다. 필기구를 선택하는 것은 당신 마음에 달려 있다. 공책과 필기 도구라면 무엇이든지 사용할 수 있다. 당신이 특별히 마음에 드는 일지와 필기도구를 사용한다면, 일지를 쓴 과정이 한층 더 마음에 들 것이다.

특별한 시간을 정해서 일지를 쓰면 이 행동이 하나의 훈련으로 정착되는 데 도움이 된다. 아침 일찍 조용할 때에 일어나서 일지를 쓰는 사람도 있을 것이다. 또는 잠자리에 들기 전에 일지를 쓰면 "하나님 안에서 쉬는 데" 도움이 될 수도 있을 것이다. 밤중에 잠에서 깨어나 다시 잠들지 못할 때에 일지를 쓰는 것도 매우 효과적일 것이다. 낮에도 일지를 쓰기에 적합한 조용한 시간이 있을 것이다. 중요한 것은 언제 쓰느냐가 아니라 규칙적으로 쓰는 것이다.

일지를 쓰는 과정에 쉽게 집중할 수 있는 장소가 있다. 거실에 당신이 즐겨 앉는 의자가 있는가? 집이나 직장에 당신만의 비밀을 유지할 수 있는 공간이 있는가? 뒷마당에서 하나님에게 가장 잘 집중할 수 있는가? 일지 쓰는 훈련에 가장 적합한 장소를 발견할 때까지 실험해보라.

일지, 필기구, 시간, 장소를 결정했어도, 예기치 않게 일지를 써야 할 시간이나 욕구가 생길 때가 있다. 그 때에 당신이 일지를 가지고 있지 않다면, 어떤 것이든지 종이와 필기구를 찾아 사용하라. 그러한 시간이 주어진 것에 감사하고 나서 일지를 기록하라. 나중에 당신의 생각을 당신이 사용하는 일지에 옮겨 적어도 좋다. 혹시 병원에 있을 때나 버스를 기다리는 동안에 새로운 방법으로 하나님을 발견할 수도 있을 것이다. 만일 당신의 삶에 그러한 순간들이 많이 찾아온다면, 특별히 가지고 다닐 수 있는 일지를 구입하여 항상 가지고 다니는 것도 고려해 볼 수 있다.

이제 당신은 일지와 펜을 준비했고, 적절한 시간과 장소도 결정했고, 앉아서 기록할 준비를 갖추었다. 잠시 마음을 가다듬고 일지를 쓰는 이 시간에 하나님의 성령이 당신의 내면에서 일하실 수 있도록 준비하라. 심호흡을 하라. 이 시간이 유익한 시간이 되게 해달라고, 그리고 기록하는 동안에 하나님을 보다 완전히 알게 해달라고 기도하라. 당신은 하나님께 완전히 주의를 기울일 준비를 하기 위해서 당신의 정신을 깨끗이 하는 방법을 발견하게 될 것이며, 그 때 하나님은 일지를 쓰는 일을 통해서 당신에게 말씀하실 수 있다.

만일 다른 생각이 난다면, 나중에 기억하는 데 도움이 될 단어를 적어둘 수 있도록 가까운 곳에 종이를 마련해 두라. 그렇게 하면 일지를 쓰는 동안에 구입해야 할 식료품 목록, 전화를 걸어야 할 곳 등을 잠시 미루어둘 수 있다.

일지를 쓸 준비가 되었으면, 이 책에서 제시한 6주 과정을 시작하자. 각 주에 사용할 방법은 나름대로의 느낌과 형식을 가질 것이다. 즉시 편안함을 느끼는 사람도 있겠지만, 좀 더 오랜 시간이 걸려서 자신의 리듬을 찾을 수도 있다. 만일 주어진 방법이 불편하게 느껴져도 그 방법을 포기하기 전에 한 주일 동안 실험해 보라. 여섯 가지 방법 모두를 시험해보면, 당신은 일지를 쓰는 방법이 무척 다양하다는 것을 알게 되며, 곧 자신의 영적 여정에서 가장 도움이 될 방법을 발견할 될 것이다.

에필로그는 일지 쓰기에 있어서 6주 동안의 당신의 성장을 평가하는 데 도움이 되며 장차 일지 쓰는 훈련을 완전히 이행하리라고 기대하게 해준다.

『영성일지 기록하기』를 집단적으로 적용해 보려는 사람들은 만날 장소와 시간에 대해 의논해야 한다. 매주 나눔의 시간을 인도해 줄 지도자를 선택할 수도 있다. 이번 주에 이 방법을 사용하여 일지를 씀으로써 하나님과 얼마나 가까워졌는가? 나 자신에 대해서 무엇을 깨달았는가? 하나님에 대해서는 무엇을 깨달았는가? 어디서 어려움을 발견했는가? 일지 작성의 어느 부분에서 성취감을 느꼈는가? 그룹의 구성원들이 서로의 생각을 털어놓을 때에 편안함을 느끼며 혹시 그렇지 못할 때에도 소외감을 느끼지 않도록 신뢰의 분위기를 조성해야 한다.

당신이 혼자서 일지 쓰는 훈련을 시작하거나 하나의 그룹 안에서 시작하거나, 당신은 우리 삶이 모든 측면에 관심을 가지시는 살아계신 하나님 앞에 자신을 두고 있다. 당신에게 생명의 숨을 불어넣으셨고 당신만의 특별한 사유 과정을 창조하신 하나님이시므로, 당신이 신적인 것을 의식적으로 기대하든지 기대하지 않든지 하나님은 당신이 일지를 쓰는 일에 참여하실 것이다. 당신이 친구를 오해한 데 대한 분노를 쏟아낼 때, 당신은 갑자기 사랑의 시선으로 그 친구의 관점을 볼 수 있다는 것을 깨닫고 놀랄 것이다. 쓰는 과정은 당신의 내면에 하나님으로부터 솟아나는 용서의 샘을 열어줄 것이다. 일지를 쓰는 사람들은 자기들이 일지를 많이 쓸수록 그들이 사용하는 단어들이 하나님과 연결되고, 자기를 의식하지 않는 기도가 되며 하나님의 능력을 상기시켜 준다는 것을 발견한다.

테네시 윌리엄즈(Tennessee Williams)의 「욕망이라는 이름의 기차」라는 연극에서 블랜쉬 드브와(Blanche DuBois)가 말한 것처럼 "때로—하나님이 계시다—아주 신속하게!" 당신이 일지를 쓰기 시작할 때에 모든 거룩한 것에 대해 자신을 개방하는 행동이 그러한 놀라운 일들을 가져다 줄 것이다. 왜냐하면 하나님은 기적 안에도 계시고 세속적인 것 안에도 계시기 때문이다.

첫째 주

일상생활의 사건들을 기록하기

나는 여덟 살 때에 처음으로 일기장을 선물로 받았습니다. 나는 거의 매일 일기를 썼고, 일기를 쓴 후에는 그 일기장을 잠궈서 감추어 두었습니다. 나의 일기는 그 당시 내가 어떤 사람이었는지를 반영해줍니다: 일기에 기록한 것들은 단순한 것들이며, 주로 친구, 애완동물, 교회, 학교 등에 관한 내용이었습니다.

나는 중, 고등학교를 다니는 동안에도 계속 일기를 썼습니다. 그때 쓴 일기를 다시 읽어보면, 그 당시에 나에게 중요했던 것이 무엇이었는지 쉽게 알 수 있습니다: 나는 남학생들에게 많은 관심을 가지고 있었습니다. 나는 일기라는 막역한 친구에게 내가 좋아하는 사람, 남학생이 말을 걸어왔을 때의 느낌, 교회 청년부에서 내 손을 잡은 사람 등에 대해 털어 놓을 수 있었습니다. 나는 점차 내면 생활에 대해서 많은 것을 기록했고, 또 친구나 가족들에게 말하지 않는 상세한 내용을 털어 놓았습니다.

대학에 진학하면서, 나의 일지 쓰기에 변화가 시작되었습니다. 일지에 단순히 삶에서 일어난 사건들을 열거하는 데서 그치지 않았습니다. 나는 내가 자신의 삶의 영향을 어떻게 받고 있는지 알기 위해서 내면 깊은 곳을 들여다보기 시작했습니다. 나는·다니는 교회에서 목사님을 도와 일한 적이 있는데, 그 때 일지를 쓰면서 목회의 소명에 대해 깊이 생각했습니다. 나는 철학 강의를 들으면서, 일지에 철학적 "합리주의자"가 되는 것에 관해서 많이 기록했었습니다. 다양한 청년들과의 관계는 나로 하여금 내가 자신을 어떻게 인식하는지에 대해서 기록하게 했습니다: 나는 자신의 행동을 평가했고, 여성으로서 발휘할 수 있는 역할을 찾으려 했으며, 그러한 관계의 안팎에서 내가 어떤 존재인지 깨닫기 시작했습니다.

나는 점차 내가 누구인지—여성, 학자, 기독교인, 친구—를 발견하고 재발견하는 장소로 일지를 사용했습니다. 나는 특별히 "생각하는 어머니"(Pondering Motherhood)라는 제목을 붙이고서 일지를 쓰기 시작하면서, 일지 쓰기를 인생의 중요한 결정들을 철저히 생각하는 방법으로 여기게 되었습니다. 나는 독서나 대화를 통해서 얻은 사상이나 인용문들을 일지에 기록했을 뿐만 아니라, 삶의 사건들과 행동의 자극을 받아 하나의 대화—나 자신과의 대화, 하나님과의 대화—를 진행했습니다.

그 무렵, 나의 일지는 그러한 내적인 대화를 확장하여 나 자신의 인생 뿐만 아니라 주위의 세상에 관한 신앙심이 깊은 관상으로 발전했습니다: 신문에 보도된 불행을 당한 사람의 사진, 군비축소 회의, 딸의 질문, 교인에게 결려온 골치 아픈 전화 등을 통해서 하나님은 나에게 어떻게 말씀하시는가? 부드럽지만 끈질긴 하나님의 잔소리처럼 보이는 생각들이 떠오를 때에 어떻게 해야 하는가? 날마다 해야 하는 많은 행동 속에서 나의 주인이신 하나님과의 접촉을 잃지 않으려면 어떻게 해야 하는가?

일상생활에서 발생하는 사건들을 토대로 일지를 기록하는 것은 날마다 우리가 누구를 만났고 무슨 일을 했는지에 대한 일정표를 작성하는 것을 의미하는 것이 아니라, 특별하게 우리 영혼에 영향을 준 경험들을 기록하는 것입니다. 직장에서 바쁘고 긴장된 하루를 보냈다면, 자신이 행하고 있는 일이 조금이라도 의미가 있는 것인지 생각해 보십시오. 양로원에 계신 할머니를 만나고 나서, 할머니가 돌아가시면 우리의 삶이 어떻게 될 것인지, 그리고 우리도 언젠가는 죽는다는 것, 영생에 대한 믿음, 하나님께 질문하고픈 문제 등을 생각할 수도 있습니다.

일기를 쓰는 것과는 달리, 일지를 쓰는 일은 우리로 하여금 단순히 당면한 일에만 초점을 두게 하지는 않습니다. 일지 쓰기는 우리를 해방시켜 마음 속에 감추어져 있는 방들을 탐색하고 인생의 의미를 찾게 해 줍니다. 단순히 자신이 어떻게 행동해왔는지를 연대순으로 기록하는 것이 아닙니다; 우리는 마음을 열고 세상에 대한 우리의 반응, 그리고 우리의 삶의 모든 측면에서 하나님이 일하시는 방법을 탐구합니다.

일지를 쓸 때, 우리는 어떤 행동을 하는 이유, 생활 속에서 믿음을 나타내는 방법 등을 분명히 나타낼 수 있습니다. 그곳에서 부활하신 그리스도를 발견합니까? 직장에서 무슨 일을 결정할 때에 믿음은 얼마나 영향을 미치며, 우리와 가족들의 관계는 어떠합니까? 일상적인 사건들을 기록하면 삶 전체에서 하나님을 보는 데 도움이 될 수 있습니다.

메이 살튼(May Sarton)은 『독거자의 일지』(*Journal of a Solitude*)에 다음과 같이 기록했습니다:

> 우리는 자신의 삶을 신화로 만들어야 한다. 만일 그렇게 하면, 모든 슬픔, 날씨나 재앙이나 일 등에 불가해하게 사로잡히는 것이—만일

우리가 자신을 훈련하여 열심히 생각한다면—유익한 일이 되며, 산다는 것, 인간이 된다는 것, 일상적인 것들이 얼마나 위험한 것인지 등에 대한 통찰을 낳게 된다. 우리는 하루에도 여러 번 하늘나라와 지옥을 오고 간다. 직업 훈련은 일종의 훈련 빗장을 마련해 주므로, 영혼의 거칠고 비이성적인 움직임이 공식적이고 독창적인 것이 된다.[1]

살튼은, 우리 자신이 누구인지를 자세히 평가할 때에 자신의 평범하고 일상적인 삶을 규칙적으로 들여다 보는 일은 영혼을 성장하게 해줄 수 있다고 상기시켜 줍니다. 당신은 대부분의 에너지를 어디에 쏟고 있습니까? 특정한 날이나 주간을 위해 어떠한 마음가짐을 갖습니까? 당신의 행동에는 일정한 유형이 있습니까? 하나님에 대한 당신의 믿음은 어디에서 삶의 복잡한 측면들에 개입됩니까? 구체적으로 하나님의 임재에 접했다는 느낌을 받은 적이 있습니까? 창조주가 계시지 않는 것 같을 때에, 당신은 어떤 영향을 받습니까? 일지 쓰기는 하나님이 일하시는 방법을 볼 때에 사용할 수 있는 초점을 제공해 줄 수 있습니다. 왜냐하면 우리는 영적 성장을 위해 현세의 것들을 사용하는 데 시간과 공간을 바치기 때문입니다.

일상적인 사건들을 토대로 일지를 쓰기 위한 하루의 일과

이번 주에, 우리는 자신의 생활에서의 경험에 대한 반응으로 일지를 쓸 것입니다. 날마다 일지를 쓸 시간과 장소를 정한 후에, 몇 분 동안 조용히 앉아서 심호흡을 하고 간단히 기도하면서 정신을 집중하십시오. 그 다음에는 하루 일과—그 날 발생한 사건들, 만난 사람들, 방문한 장소—에 대해 생각해 보십시오(만일 당신이 이른 아침에 일지를 쓰기로 했다면, 전날에 있었던 사건들을 생각해 보십시오). 그 날의 활동들이 깊이 생각하기 위한 출발점이 된다는 것을 기억하십시오. 당신은 자신에게 영향을 준 특별한 사건의 내용을 기록하겠지만, 하루에 있었던 일을 순서대로 열거하지는 않을 것입니다.

하루 동안의 사건들을 생각해본 후에, 일지를 쓰기 위해서 다음과 같은 질문을 스스로에게 해 보십시오.

- 나 자신에 대해서 나는 어떻게 느끼는가?
  나의 세계에 대해서는 어떻게 느끼는가?
- 오늘 특별히 나의 삶과 세상 속에서 일하시는 하나님의 임재를 보거나 느낀 곳은 어디인가?
- 그 때 나는 하나님을 의식했는가? 만일 그렇지 않았다면, 어떤 태도나 행동이 하나님께 응답하는 것을 방해했는가?
- 나는 그리스도의 정신은 내 삶의 여러 부분에 나타내기 위해서 어떤 방법을 사용했는가?
  나는 왜 그리스도의 사랑의 정신과 긍휼을 나타내는 데 실패했는가?
- 오늘 일어난 사건들 중에 그리스도를 따르는 사람인 나의 정체성을 이해하는 데 도움을 준 사건이 있었는가?

일지 쓰기를 시작하는 다른 방법

만일 위의 질문들에 일지 작성에 도움이 될 생각이 떠오르지 않으면, 다음과 같은 점을 고찰해 보십시오.

- 당신이 보다 주의깊게 바라보아야 할 필요를 느낀 사건이나 대화가 있습니까? 다른 사람의 말이나 행동에 대해 불확실한 느낌을 가지고 있습니까? 마음 속으로 누군가와 대화를 계속하면서, 그 때에 했었으면 하는 말이나 행동을 생각하고 있습

니까? 이 사건이나 대화를 통해서 하나님께서 당신에게 생각하라고 요구하시는 것은 무엇입니까?
- 당신이 강력한 느낌(기쁨, 분노, 상처, 염려, 실망, 자부심 등)을 느낀 때가 있었습니까?
- 오늘 하루를 돌이켜 보면서 하나님께 말하고 싶은 일들이 있습니까? 당신이 하나님께 더 가까이 가고자 할 때, 질문이나 감사의 말이나 설명 등이 적합하다고 느껴질 수도 있습니다.

만일 당신이 경험한 특별한 일들이 이 범주에 적당하지 않다고 여겨지면, 다음과 같은 생각들 중 아무 것이라도 임의로 완성함으로써 일지 쓰기를 시작해도 좋습니다.

나의 인생은…이다.
나는…이다.
나에게 있어서 하나님은…이시다.
나는…할 때에 하나님을 필요로 한다.
나는 하나님께서 나를…에게로 부르신다고 느낀다.

단순히 이러한 종류의 질문들에 대한 반응들을 열거하는 것도 일상적인 경험을 일지 쓰기를 위한 자극으로 사용하게 만드는 데 도움이 됩니다.

일상적인 경험을 일지에 기록하는 일을 시작하는 또 다른 방법은 당신의 일지를 하나님이 보내신 편지를 기록하는 곳으로 사용하는 것입니다. 이 시점에서 당신의 삶에서 진행되고 있는 일, 하나님께서 당신에게 하실 것 같은 말씀을 생각해 보십시오. 당신은 용서의 메시지나 희망의 메시지를 필요로 합니까? 하나님께서 당신에게 회개와 해명을 요구하시지는 않습니까?

이 일상생활을 토대로 하여 일지를 쓰는 여러 가지 방법을 시험해 볼 때, 단지 자리에 앉아서 그 날의 사건들을 되새겨 보며, 일지를 하나님의 능력을 당신의 삶이 얼마나 반영하는지를 알 수 있는 공간으로 사용하면 한층 편안해질 것입니다. 당신의 인생은 하나님이 주신 선물입니다. 특별한 생활 체험에 대해서 일지를 기록하는 것은 하루 동안 일어난 모든 사건들 안에서 하나님이 일하시는 방법을 보다 분명히 이해하기 위한 통로가 될 수 있습니다.

일지에 사진이나 그림을 넣어보자

일상적인 경험을 토대로 일지를 쓸 때, 사진, 친구에게서 온 편지, 사용했던 표, 말린 꽃 등 기념이 될 만한 것들을 일지에 붙여보는 것도 의미있는 일이 될 것입니다. 이처럼 당신의 일상생활을 분명하게 보여 주는 상징들은 후일 당신이 인생의 특별한 시기를 회고할 때에 많은 것을 의미해줄 것입니다. 기념이 될 만한 물건들을 모조리 일지에 붙여 놓을 필요는 없으며, 하나님께서 당신의 인생에서 어떻게 일하셨는지를 분명하게 상기시켜 줄 기념품을 선택하십시오.

나는 가깝게 지내던 신(Sean)이라는 아이가 죽었을 때, 그 아이의 사진을 일지에 붙여 놓았습니다. 그 아이가 죽고 나서 몇 달 후, 그 사진들은 신이 내 인생에서 어떤 아이였는지에 대한 본질을 연결해 주는 중요한 고리가 되었습니다. 내가 나의 느낌이나 신학과 관련된 문제로 씨름할 때에, 일지에서 나에게 미소를 짓고 있는 그 아이의 얼굴을 통해서 그 아이의 죽음이 어느 정도 의미를 지니게 되었습니다. 내가 슬픔을 어떻게 극복했든지 상관없이, 나는 신의 사진을 볼 때마다 그 아이를 아는 데서 느꼈던 큰 기쁨을 회상했습니다. 나는 아직도 신이 죽어야 한 이유를 이해하지 못하지만, 그 아이가 4년 동안 살면서 지니고 있었던 정신을 찬양할 수밖에 없습니다.

때로 내 일지에 붙여놓은 신문에 실린 사진이나 만화가 계속 나의 인생에 영향을 줄 것입니다. 만일 내가 중요한 글을 읽고서 그것을 일지에 기록해 둔다면, 그것의 의미에 대해 일지를 쓰고 싶을 때에 다시 그것을 참고로 할 수 있습니다. 꿈 속에서 과거의 장소나 사람을 보았다면, 나는 그 꿈에 대한 일지에 삽입할 적절한 사진을 찾으려고 노력합니다.

자신이 예술적이라고 생각하건 아니건 간에, 스케치, 간단한 수채화, 또는 당신의 내면 생활의 또 다른 측면을 보여 줄 수 있는 것을 일지에 수록할 수도 있습니다. 일지의 한 페이지를 스티커로 장식해도 좋습니다. 당신이 일지에 기록한 것이나 그린 것을 다른 사람에게 보여주지 않는 한, 일지 전체나 당신이 일지에 그린 그림은 개인적으로만 사용될 것입니다.

독창성을 발휘하십시오. 일지가 당신의 모든 것을 낱낱이 반영할 수 있게 하십시오. 그것을 통해서, 당신은 일지에 특별한 기념품을 삽입한 이유를 정확하게 깨달을 수 있습니다. 하나님은 우리의 삶 속에서 일하기 위해 많은 방법을 사용하십니다.

참고문헌

개인적인 일지의 훌륭한 예가 무척 많습니다. 그것들은 저자가 세상에 반응하면서 내면 생활을 발달시킨 것을 보여주는 책들입니다. 그러한 일지들의 견본이라고 할 수 있는 책들을 다음에 제시했는데, 그 책들은 당신이 일상생활을 토대로 일지를 쓰는 데 자극이 될 수 있을 것입니다.

Zlata's Diary: A Child's Life in Sarajevo, Zlata Filipovix(New York: Viking Penguin, 1995).
An Interrupted Life: The Diaries of Etty Hillesum(New York: Pocket Books,

1991).
Etty Hillesum: Letters from Westervork (New York: Randon House, 1991).
Opal: The Journey of an Understanding Heart, Opal Whitely (New York: Crown Publishing, 1995).
The Measure of My Days, Florida Scott-Maxwell (New York: Viking Penguin, 1979).
The Genessee Diary: Report from a Trappist Monastry, Henri J. M. Nouwen (New York: Doubleday, 1981).
Journal of a Solitude, May Sarton (New York: W. W. Norton, 1990).
After the Stroke (New York: W. W. Norton, 1990]).
Bring Me a Unicorn (San Diego, Calif.: Harcourt Brace , 1993), *War Witnin and Withou*t (Harcourt Brace, 1995), *Hour of Gold, Hour of Lead* (harcourt Brace, 1993).
A Circle of Quiet (New York: Farrar, Straus, & Giroux, 1971), *The Summer of the Great-Grandmother, The Irrational Season*, Madeleine L'Engle (San Francisco: Harper San Francisco, 1984).
Anne Frank: The Diary of a Young Girl (New York: Bantam Books, 1997).

어떤 사람들은 일상적인 경험에 대해 일지를 쓰기 위한 하나의 틀을 가지고 있다. 다음의 책들은 생각할 초점을 제공해준다.

Journeying Through the Days; a Calendar and Journal for Personal Reflection (Nashville, Tenn.: Upper Room Books, published annually)
My Journal: A Place to Write abour God and Me, Janet R. Knight and Lynn W. Gilliam (Nashville, Tenn.: Upper Room Books, 1997).
The Soul of the World: A Modern Books of Hours, ed. Phil Cousineay (San Francisco: Harper San Francisco, 1993)
Remembering Your Story: A Guide to Spiritual Autobiography, Richard L. Morgan (Nashville, Tenn.: Upper Room Books, 1996).
Sending Up My Timber: An African American Prayer Journal, Karen F. Williams and Lloyd Preston Terrel (Nashville, Tenn.: Upper Room Books, 1998).

주

1) May Sarton, Journal of a Solitude (New York: W. W. Norton, 1973), 108-109.

일상생활의 사건들을 기록하기

Journaling — Anne Broyles Still like himself, so any touched any kdkrdrthfkcroderr—Journaling Anne

둘째 주

성경을 읽고 일지 쓰기

　해리엣의 가족들을 교회에 다니지 않았습니다. 헤리엣은 10살 때 친구와 함께 침례교 주일학교에 갔었는데, 지금도 그 때 배운 성경을 분명히 기억하고 있습니다. 선생님은 갈대 밭의 모세의 이야기를 하면서, 모래 상자를 사용하여 강을 만들고 아이들에게 작은 갈대와 골풀을 모래에 꽂게 하셨습니다. 마분지로 만든 사람들도 있었고, 바구니 속에 안전하게 누워 있는 아기 모세도 있었습니다.

　50년이 지난 지금, 해리엣은 활동적인 평신도입니다. 성경은 그녀의 인생에서 중요한 부분을 차지하고 있습니다. 그리고 어느 침례교 주일학교에서 교사가 일곱 명의 아이들을 위해 생생하게 설명했던 모세의 이야기는 지금도 그녀의 기억에 생생하고 중요하게 남아 있습니다. 해리엣은 자기의 삶에 미치는 성경의 능력을 느끼며, 존 웨슬리처럼 "나에게 그 책을 주십시오! 아무리 비싸도 나에게 하나님의 책을 주십시오…그곳에는 나를 위한 넉넉한 지식이 있습니다"[1]라고 말할 수 있습니다.

성경의 이야기가 우리의 일부가 될 때에, 우리에게 큰 의미를 지니게 됩니다. 우리는 역사 안에서 인류를 찾으셨고 지금도 찾고 계시는 사랑하시는 하나님의 손길을 느낄 때에 자기 자신과 세상을 더 잘 이해합니다. 하나의 성구에 완전히 공감할 수 있을 때, 창조주의 사랑과 지혜를 깊이 이해합니다.

하나님의 사랑을 이해하기 시작한 사람은 변화지 않을 수 없습니다. 우리가 그렇게 큰 사랑을 받을 수 있다면 얼마나 좋겠습니까! 하나님의 사랑이 우리를 통해서 사람들에게로 흘러갈 수 있다면 얼마나 좋겠습니까! 월터 윙크(Walter Wink)는 성경공부의 목표는 "사람들이 본래부터 가지고 있는 신적인 가능성을 향해 변화되는 것"이라고 말합니다. 윙크는 우리가 성경의 힘에 몰두할 때에 일어날 수 있는 이 변화에 대해 상세히 설명합니다:

> 변화에는, 어떤 일이 수반되고 아무리 비싼 대가를 치러야 해도 상관하지 않고 자신의 삶을 자기 중심적으로 제어하던 데서부터 하나님의 뜻에 헌신하는 데 초점을 두는 삶을 향한 움직임이 포함된다. 그것은 우리가 자아라고 부르는 하나님의 집의 봉인된 낡은 방들을 샅샅이 탐색하는 것이며, 우리가 발견하는 모든 것을 참 주인에게 바치며 용서와 치유와 영접을 구하는 것이다. 그것은 우리가 사람들의 삶을 침해하는 사회 구조와 체계 안에 연루되어 있음을 드러내며 언제라도 공의를 행할 준비를 갖추는 것이다. 그것은 또한 자신에게서 불공정한 부분과 침해된 부분을 발견하는 것이다. 그것은 목적지에 도달한 것이 아니라 목적지에 이르는 과정이다: 우리는 이미 변화된 것이 아니라 변화되고 있다. 그러나 그 과정을 진행하는 동안 내내 번뜩이는 통찰, 절묘하게 아름다운 순간, 용서와 치유의 경험, 우리의 탐색이 옳다는 것을 확인해주고 더 많은 것을 바라는 욕망을 자극해주는 계시와 화해가 있다.[2]

탐색은 하나님께 가까이 가기 위한 것입니다. 성경은 삶 속에서 작용하는 하나님의 능력에 의해 변화된 다른 시대의 사람들에 대해 말해 줍니다. 어떻게 해야 그들의 경험으로부터 배울 수 있을까요? 노아나 드보라, 예레미야나 엘리사벳과 같은 사람들의 삶을 통해서 과거와 현재와 미래의 하나님에게 어떻게 가까이 갈 수 있을까요? 성경이 어떤 방법으로 우리를 위해 살아 있는 것이 되어 우리가 살아계신 하나님의 임재를 느낄 수 있을까요?

성경을 읽는 표준적인 방법들 중 하나는 수도원의 전통에서 온 것이다. 수세기 동안, 수도원 공동체는 기도, 일, 그리고 공부(ora, labora, lectio divina)의 리듬을 지켜왔습니다. 수도사들은 거룩한 독서(lectio divina)를 통하여 성경을 공부했습니다. 파커 팔머(Parker J. Palmer)는 다음과 같이 기록합니다:

> 이 훈련의 중요한 특징은 무엇을 공부하느냐가 아니라 어떻게 공부하느냐이다. 이 방법은 우리가 읽는 단어들 배후에는 언제나 우리가 만나야 할 말씀이 있다는 믿음에 토대를 두고서, 천천히 사려깊고 신앙심 깊게 제재(題材)와 대화하는 것이다.
> 우리는 정보를 얻기 위해 공부하도록 교육을 받아왔다: 그러나 영적 독서(lectio divina)에서는 통찰을 얻기 위해 공부한다. 우리는 하나의 분야에 통달하기 위해서 공부하는 법을 배워왔다: 그러나 영적 독서에서는 우리가 진리의 지배를 받기 위해서 공부한다. 우리는 학교에서는 정신을 사용하여 공부하면서 항상 분석하고 조사한다: 영적 독서를 할 때에는 정신을 포기하지는 않으며 그것을 마음 속으로 내려가게 하는데, 그곳에서 사물의 "감추어진 온전함"을 다시 발견할 수 있다. 일반적인 경우에 우리는 본문을 읽고 질문한다; 영적 독서를 할 때에는 본문이 우리를 읽고 질문하도록 허락한다.[3]

영적 독서는 성경을 비교 연구하는 것, 하나님의 말씀과 친밀하게 상호작용하는 방법입니다. 로버트 멀러랜드(M. Robert Mulolland)는 이것을 독자가 성경과 상호 작용하는 것을 허락해 주는 "형성적인 성경 읽기"라고 부릅니다. 멀러랜드는 다음과 같이 기록했습니다:

> 형성적인 독서(formational reading)는 철저한 것이다. 당신은 성경 구절이 지닌 심오한 역동, 많은 의미의 층이 드러나기를 바라고 있다. 당신은 성급하게 다음 문장, 다음 문단, 다음 장으로 넘어가지 않고, 본문 속으로 보다 깊이 들어가려 한다. 예를 들어, 성경을 읽을 때에 당신은 본문이 당신의 삶에 침투해 들어와 당신에게 말씀하시고 당신을 만나 주시는 하나님의 말씀이 되는 것을 허락하려 한다. 만일 당신이 여유있게 시간을 할애하여 하나의 본문을 대하지 않는다면, 그 본문 안에서 말씀과 당신은 만날 수 없다. 하나님의 말씀은 본문을 통하지 않고서는 당신에게 말할 수 없다.[4]

형성적인 방법으로 하나님의 말씀과 깊이 상호작용하는 한 가지 방법은, 성경 구절을 읽고 나서 그 말씀을 토대로 일지를 쓰는 것입니다. 일지를 쓰는 행동은 독자—일지 작성자—와 성경적 이야기 사이에 친밀한 관계를 가져다 줍니다. 독자는 정보를 얻기 위한 "두뇌-독서"(head-reading)에서 형성적인 상호작용으로 이동됩니다: 하나님의 말씀이 특별히 나에게 말씀하시는 것은 무엇인가?

성경은 수세기를 내려오면서 하나님을 찾는 사람들을 인도해주고 있습니다. 사람들은 각기 자신의 영적 순례에서 도움이 될 이야기나 구절을 발견하곤 했습니다. 성경을 하나의 계속되는 이야기로 여길 때, 성경은 가장 형성적인 것이 될 수 있습니다. 구약성서는 이스라엘 백성 및 그들과 하나님의 관계에 대한 이야기를 말해 줍니다. 신약성서는 예수님의 생애, 그리고 그의 부활이 초대 교회에 미친 영향에 대해 말합니다. 하나님과 인류의 사랑 이야기는 성경의 마지막 페이지에서 끝나는 것이 아닙니다. 하나님은 오늘의 세계 안에서도 영원히 창조하시고 영원히 상호 작용하십니다. 즉, 이야기는 계속되고 있습니다. 존 스타인벡의 『불만의 겨울』(The Winter of Our Discontent)의 등장인물 한 사람은 자신의 삶 속에서 계속되는 하나님-이야기의 힘을 알고 있었습니다.

> "드보라 숙모는 마치 일간 신문을 읽듯이 성경을 나에게 읽어 주셨고, 나는 그것이 숙모가 성경을 생각하는 방법이라고 짐작했다. 즉 영원히 계속해서 발생하지만 항상 흥미롭고 새로운 것이라고 생각하시는 듯했다. 숙모님의 생각에서는 매년 부활절이면, 예수님은 죽은 자들 가운데서 실제로 부활하셨다. 그것은 예상했던 것임에도 불구하고 새로운 사건이었다. 그것은 이천 년 전의 사건이 아니라 현재의 사건이었다."

예수님의 부활은 당신의 현재의 삶에 어떤 영향을 미치고 있습니까? 성경의 이야기는 당신의 이야기(현재, 과거, 미래)와 어떻게 상호 작용합니까? 오늘 하나님은 어떤 방법으로 당신에게 말씀하십니까? 이러한 질문들이 과거에 아브라함, 에스더, 막달라 마리아, 바울, 그밖에 지금까지 신앙생활을 해온 모든 기독교인들에게 적용되었던 것처럼, 일지를 쓰는 것은 당신이 이러한 질문들에 집중하는 데 도움을 줄 수 있습니다.

이번 주에, 당신은 성경에 맞추어 일지를 써볼 기회를 갖게 될 것입니다. 한 주일 동안 매일 그 날 경험해야 할 성구가 주어지고, 그 다음에 일지를 쓰는 과정을 시작하기 위한 몇 가지 질문이 주어질 것입니다. 성경을 읽을 때에는, 일정한 분량의 말씀을 읽거나 본문의 의미를 분석하는 것이 목표가 아님을 기억해야 합니다. 성경을 토대로 일지를 쓰는 목표는 친밀하게 당신과 관계를 갖는 하나님의 말씀을 이해하는 데 있습니다. 주어진 본문이 20개의 구절로 이루어져 있는데, 그 중에서 세번째 구절이 특히 마음에 감동을 준다면, 그 구절을 통해서 하나님이 말씀하시도록 시간을 할애하십시오. 그 구절은 당신이 하나님의 신비와 관계를 가질 수 있는 창문 역할을 하여, 그 날 하룻동안 당신을 하나님과 더욱 가깝게 해줄 것입니다.

당신에게 가장 도움이 되는 번역본을 사용하십시오. 특별한 구절과 관련하여 몇 가지 번역을 대조해보면 미묘한 의미의 차이를 감지할 수도 있습니다.

다음은 성경을 읽고 일지 쓸 준비를 할 때에 유익할 제안입니다:

1. 잠시 마음을 편하게 먹고, 정신을 산만하게 하는 모든 생각을 몰아내십시오. 심호흡을 하십시오. 이 시간이 하나님의 영에 당신을 개방하는 시간이 되게 해 달라고 기도하십시오. 일지를 쓰는 시간이 지닌 가능성들을 의식하십시오.

2. 그 날을 위해 선택된 성경 본문을 찾으십시오. 본문에 대한 가르침이 있으면 읽어 보십시오.

3. 선택된 성경 본문을 천천히 읽으십시오. 그것의 이미지를 그려 보십시오.

4. 다시 본문을 읽으십시오. 읽는 동안에 마음에 와 닿은 생각이나 질문, 중요한 구절을 기록해 두어도 좋습니다.

5. 일지를 펴고, 인쇄된 질문들을 출발점으로 하여 쓰기 시작하십시오. 생각나는 대로 자연스럽게 기록하십시오. 철자법이나 문법은 중요하지 않습니다. 중요한 것은 하나님의 말씀에 대한 당신의 심오한 반응을 기록하는 것입니다.

6. 이 본문을 통해서 하나님이 특별히 당신에게 무엇을 말씀하시는지 생각해 보십시오.

7. 일지 쓰기를 마쳐야 한다는 느낌이 들면, 잠시 시간을 내어 이

성경 구절을 주신 것, 그리고 성경을 통해서 계속되는 하나님-이야기에 대해 배울 수 있는 것에 대해 감사하십시오.

한 주일 동안 읽어야 할 성경 본문은 하나님, 그리고 우리의 삶 속에서의 하나님의 활동에 초점을 둡니다. 매일의 주제를 간단히 살펴보면, 창조주의 말할 수 없이 크신 사랑과 능력을 상기하게 됩니다:

첫째 날:　　하나님은 우리의 피난처요 힘이시다.
둘째 날:　　하나님은 사랑이시다.
셋째 날:　　하나님의 사랑은 영원하다.
넷째 날:　　하나님은 만물을 새롭게 하신다.
다섯째 날:　하나님은 우리의 연약함을 변화시키신다.
여섯째 날:　하나님은 우리에게 필요한 모든 것을 공급해 주신다.
일곱째 날:　하나님은 기도에 응답하신다.

성경과의 상호 작용은 날마다 다를 것입니다. 하나님의 말씀을 읽으면서 시도해볼 다양한 방법을 제안할 수 있습니다. 하나님의 인도하심에 자신을 개방하십시오. 하나님의 영을 당신의 인도자로 삼으십시오. 한 주일 동안 일지를 씀으로써 당신에게 모든 것이 되시는 하나님께 당신이 보다 가까이 가기를 기원합니다.

첫째날 | 하나님은 우리의 피난처요 힘이시다 (시편 46편)

하나님은 우리의 피난처시요 힘이시니 환난 중에 만날 큰 도움이시라 (시 46:1)

시편 46편을 읽어 보십시오. 이 시편의 주제를 한 문장으로 표현하려면 어떻게 하렵니까? 또는 그 시편을 당신의 입장에서 의인화 하여 의역할 수 있겠습니까?

　이 시편은 하나님의 능력을 확인해 줍니다: 우리는 하나님께서 지진이나 홍수 속에서도 우리를 보호해주실 것이라고 의지하고(2,3절), 전쟁과 싸움 속에서도 의지할 수 있습니다(6절). 되풀이되는 합창에서는 "만군의 여호와께서 우리와 함께 하시니 야곱의 하나님은 우리의 피난처시로다"라고 선포합니다(7, 11절). 각 절에서는 하나님의 견고하심을 나타내는 다른 증거들을 제시합니다. 우리 하나님은 거룩한 강 속에 견고히 서시며, 지상에서 놀라운 일을 행하시며, 찬양을 받으십니다. 가장 중요한 것은 지극히 높으신 하나님이 우리와 함께 계시다는 것입니다.

　이제 당신이 느끼고 있는 두려움을 적어 보십시오. 당신은 회오리바람을 두려워 합니까? 핵으로 인한 대 파괴를 두려워합니까? 자녀가 다치는 것을 두려워합니까? 늙는 것을 두려워합니까? 예를 들면, "비록 내가 핵으로 인한 대 파괴를 두려워하지만, 하나님께서 나를 보살펴 주실 것을 믿습니다"와 같이, 하나님을 능력을 확인하는 말을 적어 보십시오.

　이 시편은 강력한 시각적 이미지들이 가득한 시편입니다. 당신은 몇 구절을 일지에 인용하고 싶을 것입니다. 특히, 2, 3, 4, 5, 6절과 9절이 그렇습니다. 당신이 이 성경 본문을 예증할 때, 단어들은 새로운 방법으로 당신에게 생생하게 다가올 것입니다.

둘째 날 | 하나님은 사랑이시다(요일 4:7-21)

사랑하는 자들아 하나님이 이같이 우리를 사랑하셨은즉
우리도 서로 사랑하는 것이 마땅하도다(요일 4:11)

이 성경 본문을 읽기 전에, 일지에 '사랑'이라는 단어를 적어 보십시오. 그리고 그 밑에 사랑과 연상되는 단어나 구절들을 기록하십시오. 만일 시각적인 이미지가 떠오르면, 그림을 그리거나 단어를 사용하여 묘사해 보십시오. 사랑과 관련된 단어를 쓰거나 그림을 그리기 위해 한 페이지나 그 이상을 채워도 좋습니다.

그 다음에 요한일서 4:7-21을 읽으십시오. 이 부분은 사상에 초점을 두고 있습니다. 이 본문을 읽으면서 연상되는 새로운 사랑의 이미지나 생각을 일지에 기록하십시오.

7절부터 10절까지 다시 읽어 보십시오. 일지에 이 구절을 당신의 처지에 맞추어 다시 표현해 보십시오. 과거에 하나님은 당신에게 사랑을 어떻게 표현하셨으며, 지금은 어떻게 표현하십니까? 하나님의 사랑의 계획에 적합하게 되려면 어떻게 해야 합니까?

11절부터 16절까지를 다시 읽어 보십시오. "하나님이 이같이 우리를 사랑하셨은즉 우리도 서로 사랑하는 것이 마땅하도다"(11절). 당신의 생활에서, 사랑을 나타낼 수 있는 구체적인 방법은 무엇입니까? 당신은 자신이 하나님의 사랑의 통로라고 느끼고 있습니까? 당신은 영적 여정에서, 우리를 향한 하나님의 사랑을 어떻게 알고 믿습니까?

이제 19절부터 20절을 읽어 보십시오. "보는바 그 형제를 사랑치 아니하는 자가 보지 못하는바 하나님을 사랑할 수 없다"는 논리에 대해 잠시 생각해 보십시오. 당신 주위에 사랑하기 어려운 사람들이 있습니까? 일지에 그 사람들의 이름을 적으십시오. 기도하면서 일지를 기록하십시오. 인격적인 갈등, 오해, 장벽, 담 등을 극복할 수 있게 해 주는 사랑의 은사를 받기 위해서 필요한 것을 하나님에게 요청하십시오. 일지를 기록하는 동안, 요한일서 4장에 묘사된 사랑을 느끼며, 당신도 그러한 사랑을 이용할 수 있다는 것을 깨달아 아십시오.

셋째 날 | 하나님의 사랑은 영원하다 (롬 8:31-39)

누가 우리를 그리스도의 사랑에서 끊으리요 (롬 8:35)

제시된 성경 본문을 읽고, 다음과 같은 질문에 대한 답을 일지에 기록하십시오:

1. 당신은 하나님으로부터 분리되었다는 것을 느껴본 적이 있습니까?
   환난, 곤경, 박해, 배고픔, 가난, 위험, 또는 죽음을 경험해본 적이 있습니까?
   그러한 어려움을 겪을 때에 하나님의 임재를 느낄 수 있었습니까?

2. 38절을 여러 번 읽으십시오. 그 구절로 당신의 믿음을 표현해 보십시오. "아무 것도 우리를 우리 주 그리스도 예수 안에 있는 하나님의 사랑에서 끊을 수 없으리라"는 것을 알 때에, 당신의 기분은 어떠합니까? 하나님께서 예수 안에서 눈에 보이게 되셨다는 것이 당신에게 어떤 의미를 갖습니까?

넷째 날 | 하나님은 만물을 새롭게 하신다 (사 43:16-21)

내가 새 일을 행하리니 이제 나타낼 것이라 너희가
그것을 알지 못하겠느냐 (사 43:19)

본문을 두 절씩 나누어 여러 번 읽어 보십시오.
1. 16-17절은 이스라엘이 애굽의 학대로부터 구원받은 일을 상기시켜 줍니다. 이것은 이스라엘의 역사에서 중요한 사건이었습니다: 히브리인들이 그들을 추격해 오는 애굽의 군대로부터 도망친 사건 안에 하나님의 능력이 생생하게 나타났습니다.
   - 당신에게 하나님의 능력이 극적으로 나타난 것은 언제니까?
   그 때, 당신의 느낌은 어땠습니까?
   그 일을 기억하면 새로 힘이 솟습니까?
2. 18절에서는 "너희는 이전 일을 기억하지 말며 옛적 일을 생각하지 말라"고 했습니다.
   - 살면서 발생한 사건들 중에서 지금도 당신이 현재와 관계하는데 영향을 주는 것은 무엇입니까?
   당신은 과거의 상처를 잊을 수 있습니까?
   하나님의 용서와 영접하심이 당신을 해방하여
   오늘 깨끗한 상태에서 살게 해주셨습니까?

19절에서는 "내가 새 일을 행하리니 이제 나타낼 것이라 너희가 그것을 알지 못하겠느냐"라고 말합니다.
   - 하나님이 당신의 삶에서 행하고 계시는 새로운 일은 무엇입니까?
   당신의 내면에서 이루어지는 하나님의 적극적인 행위에 대해 어떻게 당신을 개방합니까?
3. 짐승들도 사람들과 함께 사막에 강을 주신 것을 찬양합니다

(20-21절).
- 당신은 인생의 강들을 어떻게 경험합니까? 어떤 방법으로 그것을 찬양합니까?

다섯째 날 | 하나님은 우리의 약함을 변화시킨다 (눅 13:10-17)

안수하시매 여자가 곧 펴고 하나님께 영광을 돌리는지라 (눅 13:13)

이 성경 본문을 읽기 전에, 3분 동안 허리를 반쯤 굽히고서 방 안을 걸어 다녀 보십시오. 당신이 거리에서 만나는 사람에게 말을 거는 모습을 상상해 보십시오. 이러한 자세로 사람들에게 말을 걸 때의 느낌은 어떻습니까? 당신은 항상 위를 올려다보기 보다 아래를 내려다 봅니까?

3분이 지나면, 허리를 펴십시오. 똑바로 서서 하늘을 향해 두 팔을 펴십시오. 그 다음에는 다시 허리를 완전히 굽히십시오. 일지를 쓰기 전에 건강한 허리의 힘을 느껴 보십시오. 건강이 좋지 않아서 허리를 굽히기 힘들다면, 눈을 감고 그러한 자세를 취하고 있다고 상상해 보십시오. 아마 이 본문을 이해하는 데 있어서 당신의 건강이 좋은 않은 것이 선물이 될 수도 있을 것입니다. 성경 본문을 읽은 후에 다음과 같은 질문에 대해 생각해 보십시오.

1. 18년 동안 영적으로 꼬부라져서 펴지 못하고 지낸 여인을 생각해 보십시오. 그 여인의 생각은 얼마나 편협했습니까? 그 여인은 얼마나 많은 가능성을 받아들이지 않고 지나쳐 버렸겠습니까?

2. 예수님께서 회당장이 화내는 데 대해 응답하시면서(16절), 이 여인의 가치에 대해 무엇이라고 말씀하십니까?

3. 우리를 꼬부라지게 만드는 것이 많습니다: 고독, 불의, 희망없음, 분개, 학대, 낙심 등. 당신의 삶에서 당신을 꼬부라지게 만드는 것은 무엇입니까? 당신에게서 꼬부라진 부분을 어떻게 식별하렵니까? 당신의 영적인 약점은 무엇입니까?

4. 일지에 예수님께 드리는 기도문을 적으면서 당신에게 있는 허약한 것에 대해 상세히 이야기하십시오. 예수께서 당신의 기도를 들어 주실 것을 알고서 정직하게 당신의 감정을 털어 놓으십시오. 몇 분 동안 침묵하십시오. 그 다음에 십 팔 년 동안 꼬브라진 채 살아온 여인에게 말씀하셨던 주님이 당신에게 무엇이라고 말씀하실지 적어 보십시오: "여자여 네가 네 병에서 놓였다."

여섯 째 날 | 하나님은 우리에게 필요한 모든 것을 공급해 주신다 (눅 12:22-31)

그러므로 내가 너희에게 이르노니 너희 목숨을 위하여 무엇을 먹을까
몸을 위하여 무엇을 입을까 염려하지 말라 (눅 12:22)

오늘의 본문을 읽기 전에, 당신이 생존하기 위해서 정말로 필요한 것들의 목록을 일지에 작성해 보십시오. 음식이나 거처처럼 분명한 것도 있고, 사랑이나 인정 받고 깊은 욕구 등도 있을 것입니다. 당신에게 정말로 필요한 것과 당신이 원하는 것(경제적인 안정, 더 큰 집)을 구분해 보십시오.

그 다음에 오늘의 본문을 읽되, 예수님께서 직접 당신에게 하시는 말씀으로 여겨 읽으십시오. 예수님께서 새와 꽃과 풀 등에게 필요한 것을 제공하시는 모습을 눈에 그려 보십시오. 그 다음에 일지를 쓰면서 생각해야 할 것을 위한 자료로서 다음과 같은 질문을 사용하

십시오.

1. 예수님의 말씀에서 중심 메시지는 무엇인가?
2. 예수님은 자신의 말을 듣는 사람들에게 하나님을 믿으라고 격려하면서 어떤 방법을 사용하십니까?
3. 예수께서 "오직 너희는 그의 나라를 구하라 그리하면 이런 것을 너희에게 더하시리라"(31절)고 말씀하신 것은 어떤 의미입니까?
4. 당신의 삶에 걱정되는 일들이 있습니까? 현재 당신을 괴롭히고 있는 걱정거리가 있으면 적어 보십시오. 정직하게 기록하십시오. 그리고 당신에게 필요한 모든 것을 충족시켜 주시며 당신이 가진 편견도 이해하시는 하나님께 걱정을 털어놓으십시오. 당신이 하나님은 더욱 신뢰하고 당신 자신은 더욱 의지하지 않기 위해서는 당신이 하는 말이 기도가 되어야 하며, 이미 당신에게 주어져 있는 많은 선물들에 대해 감사해야 합니다.

자신을 포기하고 하나님께 맡기는 것이 어렵게 느껴진다면, 이미 당신의 삶 속에 주어져 있는 은사들을 열거해 보십시오. 가족들과 친구들, 양식과 집, 재산, 그리고 마음이 평화로운 순간 들 등 하나님께서 당신에게 이미 선물로 주신 모든 것에 감사하십시오.

일곱번째 날 | 하나님은 기도에 응답하신다 (막 10:46-52)

선생님이여 보기를 원하나이다 (막 10:51)

본문에서 전개되는 장면을 그려보면서 본문을 두 번 읽어 보십시오. 그 다음에는 성경책을 덮고, 기억나는 대로 소리내어 그 이야기를 말해 보십시오, 다시 성경을 펴서 중요한 내용을 잊은 것이 있는지 살펴 보십시오. 이제 바디메오의 관점에서 그 이야기를 다시 해보십시오. 그가 치유된 이야기를 말하면서 일인칭을 사용하십시오. 길가에 앉아서 예수님이 오신다는 소리를 듣고 관심을 끌기 위해서 소리칠 때의 느낌을 상상해 보십시오. 사람들이 소리치는 당신을 책망하는 소리를 들어 보십시오. 예수님을 만나기 위해 벌떡 일어서십시오. "네게 무엇을 주기를 원하느냐"라는 예수님의 질문의 능력을 느껴 주십시오. 눈 먼 바디메오의 입장에서 당신이 바라는 것을 요구하십시오. 그리고 눈을 뜨십시오. 이 기적이 있는 후에 당신의 삶이 변화되는 것을 그려 보십시오. 이제 거지 생활을 하지 않아도 된다는 것은 무엇을 의미할까요? 당신은 어떻게 그분을 따라가렵니까?

- 바디메오가 된 느낌을 일지에 적으십시오. 당신은 바디메오와 얼마나 닮았습니까?
  당신은 그리스도의 능력을 느낍니까?
- "네게 무엇을 주기를 원하느냐?"라고 물으시는 주님께 대답하십시오. 당신의 기도가 응답될 것이라는 적극적인 확신을 가지고 구체적으로 요청하십시오.

참고문헌

성경 공부의 추가 자료로 사용할 수 있는 훌륭한 서적들이 많다. 다락방 출판사에서 나온 경건 서적들, 설교집, 성경 주석 등 외에, 다음과 같은 책들을 참고로 할 수 있을 것이다. 이 책들은 일지 쓰기에 유익을 주기 위한 책이다.

Sacred Journeys: A Women's Daily Prayers, Jan L. Richardson (Nashville, Tenn.: Upper Room Books, 1995).

The Chronicles of Noah and Her Sister: Genesis and Exodus According to Women, Miriam Therese Winter (New York: Corssroad Publishing, 1995).
The Book of God: The Bible as a Novel. Walter Wangerin Jr. (Grand Rapids, Mich.: Zondervan Publishing House, 1996).
I Saw the Lord: A Pilgrimage through Isaiah 6, Kenneth L. Waters St. (Nashville. Tenn.: Upper Room Books, 1996).
Alone with God: A Guide for Personal Retreats, Ron DelBene with Mary and Herb Montgomery (Nashville, Tenn.: Upper Room Books. 1992).
Writing on the Hera: Inviting Scripture to Shape Daily Life, Gerrit Scott Dawson (Nashville, Tenn.: Upper Room Books, 1995).

주

1) John Wesley, *The Works of the Reverens John Wesley*, Vol. V (Grand Rapids, Mich: Zondervan Publishing House), 3.
2) Walter Wink, *Transforming Bible study* (Nashville, Tenn.: Abingdon, 1980), 82-83.
3) Parker J. Palmer, "Lectio Divina: Another Way to Learn," Pendle Hill Newsletter, Fall 1984, 1.
4) M. Robert Molholland, Jr., *Shaped by the Word: The Power of Spritual Formation* (Nashville, Tenn.: The Upper Room, 1986). 54.

성경을 읽고 일지 쓰기

셋째 주

지도를 받아 묵상하면서 일지 쓰기

언젠가 성탄절을 표현하는 야외극을 공연한 적이 있었습니다. 그런데 우리가 잘 알고 있는 이야기를 현대적인 관점에서 이야기하고 있었습니다. 마리아와 호세는 밀입국한 노동자였는데, 첫 아이를 낳기 직전에 농장을 떠나야 했습니다. 그들이 머물 곳을 찾을 때에, 관객들은 행진하면서 그들의 뒤를 따라갔습니다.

농장에서 쫓겨난 그들은 여관에 가서 일자리를 요청했습니다. 여관 주인은 그들에게 교회로 가 보라고 말해 주었습니다. 교회의 사제는 그들을 복지국으로 보냈는데, 그곳에서는 그들을 아주 형식적으로 대했습니다. 호세와 마리아는 낙심하여 눈물을 흘리면서 서로를 바라보았습니다. 그들이 서로 부둥켜 안고 서 있을 때에 하늘에 신비한 음악소리가 가득찼습니다. 어린 천사가 그들에게 나타나더니, 그들을 "구유"로 데려갔습니다: 여자 거지와 술꾼들이 모여 있는 주차장으로 데려갔는데, 그들이 아기의 출산을 도와주고 축하해 주는 장면으로 연극은 끝이 납니다.

연극에서 내 딸은 천사 역할을 맡았습니다. 연습할 때, 딸은 어떤 때는 자신만만했고 어떤 때는 억지로 끌려가는 듯했습니다. 딸이 정말로 원한 역할을 마리아 역할이었습니다. 마지막 순간까지도 우리는 딸이 대사를 제대로 할 수 있을지, 마리아와 호세를 정해진 장소로 데려갈 수 있을지 확신할 수 없었습니다.

딸은 천사 의상을 입기 전까지 곧 아이를 낳을 젊은 부부의 뒤를 따라가는 행렬에 합류할 수 있었습니다. 그래서 농장과 호텔에서 전개되는 일을 목격했습니다. 그런데 딸 아이는 자기가 알고 있는 사람들이 예수의 부모를 외면하는 것을 보고 울기 시작했습니다. 딸의 눈물은 상한 마음에서 흘러나오는 것이었습니다. 모든 사람들이 그 연극에 동참하는 법을 알았을까요? 마리아와 요셉에게 "이곳에는 방이 없습니다"라고 말해야 했던 딸의 친구들(농부와 여관 주인의 역을 맡은 친구들)에게 잘못된 것은 무엇이었습니까? 예수께서 탄생해야 할 특별한 장소가 있었을까요?

내 남편은 흐느끼는 딸을 행렬에서 끌어내어 천사의 옷을 입히려 데려 갔습니다. 그 의상은 흰색의 낡은 베갯잇에 두 팔이 들어갈 수 있도록 구멍을 뚫고 마분지로 만든 날개에 알루미늄 호일을 싼 것이었습니다. 과연 딸이 맡은 역할을 제대로 해낼 수 있었을까요?

복지국 직원은 마리아와 호세를 멸시했습니다. 그들은 서로를 얼싸 안았습니다. 그 때 천사의 음악소리가 들려왔습니다. 그리고 딸이 등장했습니다. 그 아이의 얼굴에는 빛과 생명이 가득했기 때문에 구경하는 사람들은 감격하여 눈물을 흘렸습니다. 이 어린 천사는 자기가 맡은 역할이 중요하다는 것을 느끼고 있었습니다. 다른 사람들은 이 부부를 배척했었지만, 그녀는 그들을 왕이 탄생할 장소로 인도했습니다. 딸에게 있어서 그 이야기는 절실한 것이었지만, 동시에 그것이 연극에 불과하다는 것도 알고 있었습니다.

이 세살 짜리 천사가 예수 탄생의 이야기를 매우 사실적으로 느끼는 것을 보면서 우리 모두 그 친숙한 이야기를 다시 생각하게 되었습니다. 성탄절은 하나의 멋지고, 쉽고, 그림책처럼 예쁜 이야기가 되어 있었습니다. 그러나 요셉과 마리아에게 있어서 그것은 어려운 경험이었습니다. 그들은 배척을 받고 있음을 느꼈을까요? 그들은 두려워했습니까? 곤경에 처한 그들을 배척한 "선한 사람들"(친구들)이 있었습니까? 그들은 궁극적으로 하늘나라에서만 주어지는 힘을 느꼈습니까?

눈물을 흘리면서 첫 아이를 낳을 곳을 찾고 있는 젊은 부부가 당한 곤경을 우리는 천사의 눈을 통해서 보았습니다. 우리는 그들을 배척하는 사람에 대해 분개했습니다. 또 점잖은 사람들—우리가 알고 있는 사람들, 또는 우리 자신—이 예수의 부모에게 "방이 없다"고 말할 때에 우리 자신도 배반당했습니다.

또 하나님만이 행하실 수 있는 놀라운 일에 우리는 감동을 받았습니다: 수수한 마구간, 건초더미, 산파가 아닌 동물들이 둘러보는 가운데에서 구세주가 태어나신 것입니다. 그것은 그 당시에도 기적이요, 오늘 우리 시대에도 기적입니다. 우리는 천사의 음악소리를 들었습니다. 그리고 하나님께서 그 놀라운 탄생 안에서 우리에게 손을 내미시듯이 요셉과 마리아와 요셉에게 미친 순수한 사랑을 알고 있었습니다. 우리는 천사의 눈을 통해서 성탄절의 기적을 느꼈습니다.

어린아이들은 환상과 현실이 특별하게 뒤섞인 세상을 제시합니다. 취학 전 어린이가 당신에게 자신이 두 아이의 아버지라고 말하면서 자기가 태어날 때나 아기 때의 일에 대해 자세히 물어볼 수도 있습니다. 9살 짜리 아이가 과학시간에 우주 탐사 계획에 대해서 공부하면서 배운 지식을 공상적인 연극에 적용할지도 모릅니다. 어린

아이들은 우리의 현실 생활이 상상력에 의해 풍부해질 수도 있다는 것을 상기시켜 줍니다.

하나님은 인간에게 이성과 상상이라는 두 가지 선물을 주셨습니다. 우리는 창조적인 영(Spirit)에 가까이 가기 위해서 그 두 가지를 사용할 수 있습니다. 많은 사람들은 어른이 되면서 이성적인 것, 증명할 수 있는 것, 이해하는 것을 다룰 때에 더 편안함을 느낍니다. 그러나 우리는 상상력이 지닌 알려지지 않은 무한한 가능성들을 탐구할 때에 깊은 영적 성장을 발견할 것입니다. 모튼 켈시(Morton T. Kelsey)는 다음과 같이 말합니다:

> 영적 실재와의 직접적이고 창조적인 만남을 형성해주는 영적인 발견은 우리의 상상력의 발달에 의존한다고 할 수 있다. 인간의 두뇌는 두 부분으로 이루어져 있는데, 한쪽 부분은 논리와 언어를 다루며, 다른 부분은 이미지, 형태, 예술, 이야기 등을 다룬다. 우리가 온전한 사람이 되려면 두뇌의 두 부분을 이용하는 법을 알아야 하며 상상력을 다룰 수 있어야 한다. 꿈이나 환상이나 직관 등 내면 깊은 곳에서 생겨나는 이미지들은 우리를 영적인 세계와 접촉하게 해주는 한 가지 방법이다. 이미지와 상상력을 사용하지 않고서는, 자신의 내면 깊은 곳이나 우리를 초월하는 영적 실체에 대한 지식을 획득할 수 없다.[1]

과학적이고 세속적인 세계에서도 상상력의 힘을 인정해왔습니다. 칼 사이먼튼(O. Carl Simonton)과 스테파니 매튜스 사이먼튼(Stephanie Matthews-Somonton)은 암 환자들에게 투시 기법을 사용했습니다. 그들의 연구에 의하면, 묵상을 실천함으로써 긴장을 풀고 긍정적인 태도를 발달시키는 법을 배운 환자들은 자신의 질병에 대한 의학적 치료에 대해 가장 좋은 반응을 나타냈다고 합니다.[2] *The Well Body Book*과 같은 의학적 자조(自助)에 대한 서적들은 치

료 과정의 일부로서 "가상의 의사"와 지도에 의한 묵상을 활용할 것을 권장합니다.[3]

자기 치료(self-healing)에 있어서 상상력은 강력한 요인이 될 수 있으며, 하나님께서 우리에게 요구하시는 온전함을 향해 이동합니다. 우리는 이성과 상상력, 증명된 것과 미지의 것, 의식적인 생각과 무의식적인 생각 등을 통합할 수 있습니다. 지도를 받아 행하는 묵상은 우리로 하여금 상상력과 현실이 함께 작용하는 우리의 정신 속 깊은 곳으로의 여행을 하게 합니다. 이 여정에서, 우리는 의식의 모든 차원에 존재하시는 하나님과 접촉할 수 있습니다.

이번 주에, 당신은 일지 쓰기를 위한 하나의 동인으로서 지도를 받아 행하는 묵상을 경험하게 될 것입니다. 각각의 묵상은 당신 자신의 영적 발견으로 이어질 수 있는 성경적인 토대를 가지고 있습니다. 당신이 하나님의 임재를 느낄 것이라고 확신하면서 각각의 묵상에 완전히 몰입하십시오. 지도를 받아 행하는 묵상은 성경을 새로운 관점에서 제공해 줍니다. 전 장에서는 인지적인 방법으로 하나님의 말씀에 가까이 갈 수 있는 기회를 제공했습니다. 이 장에서는 정서적인 방법, 정의적인 방법으로 성경을 알 수 있는 기회를 제공할 것입니다. 우리는 하나님의 말씀 속에 자신을 침몰시키면서 두뇌와 가슴을 사용하기를 원합니다.

비록 큰 소리로 읽어 줄 지도자가 없어도, 지도를 받아 행하는 묵상을 경험할 수 있는 몇 가지 방법이 있습니다. 캐롤린 스탈 볼러(Carolyn Stahl Bohler)는 *Opening to God*에서 다음과 같이 주장합니다:

다음과 같은 방법을 사용하거나 당신이 만들어낸 방법을 사용하여 묵상을 행하여 보십시오.

· 묵상할 본문을 읽은 다음에는 눈을 감고 그 장면을 그려 보라.

- 본문을 여러 번 읽은 후에, 그것을 암기하면서 그 장면을 마음속으로 그려 보라. 내용을 하나도 빠뜨리지 않으려고 노력하지 않아도 좋다.
- 미리 묵상할 본문을 큰 소리로 읽으면서 녹음해 두라.[4]

　매일의 묵상을 준비하면서 성경 구절을 읽으십시오. 만일 당신이 녹음된 묵상을 사용하려 한다면, 새롭고 신선하게 묵상을 경험하기 위해서 미리 녹음해 두십시오. 그 다음에는 팔짱을 끼거나 다리를 꼬지 말고 되도록 편안한 자세로 똑바로 앉으십시오. 묵상하는 동안에 당신의 내면에서 일하시는 하나님의 영을 잘 받아들이기 위해서 몇 번 심호흡을 하거나 다른 방법을 사용하십시오. 당신에게 가장 좋다고 느껴지는 방법으로 묵상을 행하십시오. 억지로 하려 하지 말고, 편안한 마음으로 당신에게 임하는 것을 바라보십시오. 어떤 사람들은 아주 분명한 시각적인 이미지를 봅니다. 그러나 어떤 사람들은 단지 발생하는 것을 느끼거나 감지합니다. 묵상을 당신의 내적 자아에게로 들어가는 입구로 삼으십시오. 정확한 표현에 구애되지 말고, 당신이 따로 마련한 이 시간에 하나님께서 역사하실 것이라고 믿으십시오.

　다른 영성훈련과 마찬가지로, 지도를 받아 행하는 묵상은 보다 자연스럽게 실천할 수 있습니다. 당신에게 매우 중요한 이미지들이 있을 수 있지만, 다른 것들로 대신할 수 있을 때에는 그 이미지들을 포기할 준비가 되어 있어야 합니다. 예를 들어, 묵상 중에 새로운 생활을 상징하는 해바라기를 생각할 수도 있습니다. 그 이미지를 붙잡으십시오. 어쩌면 당신은 그 새로움을 가시적으로 상기시켜 주는 것으로서 해바라기 한 송이를 사려 할지도 모릅니다. 그러나 또 당신이 성장하고 변화됨에 따라 중요하게 부각되는 다른 이미지들을 받아들일 자세도 갖추어야 합니다.

묵상을 마친 후에는 묵상하면서 떠오른 이미지들을 완전히 당신의 것으로 삼기 위해서 잠시 묵상하면서 경험한 것을 되새겨 보십시오. 당신은 일지를 쓰는 것 외에 당신이 연상했던 것을 그림으로 그릴 수도 있습니다. 친구나 영적 지도자에게 그 묵상 경험에 대해 이야기하는 것도 유익할 것입니다. 볼러가 제안한 여덟 가지 지침을 염두에 두십시오:

1. "보는 것"에 관하여: 어떤 사람들은 마음에 영상을 떠올리면서 기도할 때에 무엇인가를 보지만, 대부분의 사람은 분명한 모습을 보는 것이 아니라 그저 그 장면을 의식한다. 자신이 "본다"고 말하는 사람들도 실제로는 영화의 한 장면을 보듯이 분명하게 보는 것은 아니다. 어떤 사람들은 소리, 향기, 또는 촉감에 주의를 기울인다.

2. 실천에 관하여: 마음 속에 분명히 그려보면서 묵상을 실천하면 이미지나 감각의 질과 능력이 증진된다.

3. 복종에 관하여: 지침이 되는 본문에 반드시 복종해야 한다고 생각하지 말라. 만일 묵상할 본문에서 당신이 씨를 뿌려야 한다고 제안할 때, 어릿광대의 표정을 짓는 이미지가 떠오른다면, 원래의 어릿광대의 이미지를 유지할 것인지, 아니면 씨를 뿌리는 이미지를 연상할 것인지를 결정하라.

4. 아무 일도 발생하지 않는 것에 관하여: 만일 아무 일도 일어나지 않는다고 생각되면, 그 "아무 일도 아닌 것"이 무엇인지 조사해 보라. 당신은 한 가지 색깔만 보거나, 한 가지 즐거운 느낌을 경험하거나, 한 사람이나 상황에 대해서 불안해 하거나, 해야 할 일에 대해 백일몽을 꾸고 있을 수도 있다. 당신이 고찰하는 것이 "아무 것도 아닌 것"이라고 인정하는 일은, 통찰을 가져다 줄 수도 있고, 당신이 묵상을 진행할 수 있도록 집중하는 데 도움을 줄 수도 있다.

5. 도움을 요청하는 것에 관하여: 그 장면에 친구나 지혜로운 사람이 합류하는 모습을 상상함으로써 도움이나 지도를 받을 수 있다. 만일 그 장면이 어두운 장면이라면 섬광을 준비하고, 만일 당신이 물 속에 있다면 산소 공급 장치를 준비하라: 필요에 따라 운동화, 안전모, 먹을 것, 또는 음료수 등을 마련하라. 그 장면은 당신이 만들어낸 것이므로, 당신 마음대로 필요한 것을 공급할 수 있다.

6. 애착에 관하여: 긍정적인 이미지들은 유익을 줄 수 있으므로 되도록 오랫동안 생각하고 싶을 것이다. 반대로, "부정적인" 이미지들은 잠시 그 목적을 달성한 후에도 오랫동안 우리를 걱정하게 만들 수 있다. 이러한 이미지에 매달리지 말아야 한다. 선행하는 이미지들이 그 목적을 달성한 후에는 새로운 이미지들이 들어설 공간을 만들라.

7. 보고하는 것에 관하여: 보고는 나중에 하라. 개인적인 반추나 상호 간의 나눔을 허락해줄 방법을 찾아 보라. 기초 훈련을 촉진하라: 이미지들을 구체적인 그림으로 표현하거나 일지에 기록하거나 흥미로운 솜씨로 표현하라.

8. 성공에 관하여: 당신이 제대로 실천하는 데 성공했는지에 대해 관심을 갖지 말라! 그저 묵상 중에 일어나는 것을 구상화하고 보려는 태도를 지니라.[5]

특별한 방법으로 당신에게 감동을 주기 때문에 하룻동안 묵상하는 것으로는 부족한 것처럼 여겨지는 경우가 있습니다. 만일 당신이 특별한 묵상을 하면서 떠오르는 이미지들에 대해서 계속 생각하려 한다면, 그에 대한 반응으로 일지를 쓰는 데 하루가 부족하다고 여길 수도 있을 것입니다. 여기에서 목표는 일지 쓰기를 마치는 것이 아니라 일지 쓰기를 통해서 하나님께 보다 가까이 가는 데 있습니다.

각각의 묵상에서 별표(*)나 생략 부호는 묵상을 잠시 멈추어야 할 곳이라는 뜻입니다. 그런 부호가 사용된 곳에서는 잠시 지금 읽은 것을 그려 보십시오. 만일 당신이 묵상하기 전에 미리 녹음을 해 두고 있다면, 각각의 생략 부호 뒤에서는 잠시 침묵하는 시간을 두 십시오. 그리고 묵상에 필요한 시간을 갖기 위해서는 당신 마음대로 녹음기를 켜거나 끌 수 있다는 것을 기억하십시오.

이 주간에 행해야 할 묵상들은 당신으로 하여금 신앙의 여정에 들어서게 해주며 그것을 표현하는 방법에 대해 알게 해줄 것입니다.

첫째 날: 하나님께 감사하라.
둘째 날: 예수님을 따르라.
셋째 날: 하나님의 성령의 능력을 느끼라
넷째 날: 화해의 은사
다섯 째 날: 예수의 축복을 받으라.
여섯 째 날: 예수님의 말씀의 의미를 분별하라.
일곱 째 날: 하나님의 평화의 메시지를 전파하라.

첫째 날 | 하나님께 감사하라

조용히 앉아 심호흡을 하십시오. 편안하고 준비가 되었다고 느껴지면 묵상을 시작하십시오.

몹시 더운 날, 예수께서 먼지가 많이 나는 길을 걸어가고 계시는 모습을 그려 보십시오. 예수님의 정신은 이리 저리 배회하며, 여러 가지를 깊이 생각하고 계십니다. 그런데 갑자기 예수님은 자신을 행해 달려오는 사람들의 발자국 소리를 듣습니다.*

멀리 열 사람이 있습니다. 예수님은 그들이 고통하고 있음을 알 수 있습니다. 붕대를 감은 그들의 손과 발, 얼굴에 있는 상처들, 그들의 눈의 서글픈 표정을 보시는 순간, 예수님의 마음을 그들에게로 향하십니다.* 그들은 예수께서 자기들에게 그처럼 가까이 오실 것이라고 상상도 못했기 때문에 "예수 선생님이여, 우리를 긍휼히 여기소서!"라고 외칩니다. 그렇게 외치는 동안에도 그들은 마치 다른 사람들이 그렇듯이 주님도 그들을 멸시하거나 조롱하실 것을 두려워하는 듯한 표정을 짓습니다. 그들의 얼굴에는 두려움과 희망과 고통이 동시에 나타나 있습니다.*

예수님은 말없이 서서 그들을 세심하게 살펴보십니다. 그리고 나서 조용히 "가서 제사장들에게 너희 몸을 보이라"고 말씀하십니다.

그 사람들은 치료자이신 주님의 말을 믿었기 때문에 예수님께 아무런 질문도 하지 않고 제사장에게 보이려고 오던 길로 돌아갑니다.* 그들이 성전에 도착하기 전에, 첫째 사람이 "내 병이 나았다"고 소리칩니다. 그리고 각 사람은 자기의 피부를 살펴보면서 그 무서운 문둥병이 사라졌음을 깨닫습니다.*

한 사람—멸시받는 사마리아인—은 자기의 피부가 깨끗하고 건강해진 것을 보고서 즉시 방향을 돌려 힘껏 달려가 도중에서 예수님을 만났습니다. 그는 사람들이 보고 듣는 것에 상관하지 않고 "하나님을 찬양하라. 내 병이 나았다!"고 소리칩니다. 그는 자기의 삶이 영원히 변화되었음을 알고 있습니다.

그는 급히 예수님에게로 가서 그 발 앞에 엎드려 예수님의 얼굴을 우러러봅니다. 열번째 문둥병자는 자기의 병을 낫게 해주신 분께 "감사합니다"라고 말씀드리고 나서, 다시 혼잣말로 "감사합니다"라고 중얼거립니다.*

"열 사람이 다 깨끗함을 받지 아니하였느냐 그 아홉은 어디

있느냐"라고 말씀하시는 주님의 음성에는 슬픔이 배어 있습니다. 병 나음을 받은 사람은 예수님이 누구에게 말씀하시는지 의아해 합니다. "왜 이 이방인만이 하나님께 돌아와 감사를 드렸습니까?"*

아직도 주님의 발목을 붙들고 있는 사람의 얼굴을 내려다 보시면서, 예수님은 부드럽게 그 사람을 일으켜 세우시고 그의 눈을 똑바로 바라보시면서 "일어나 가라 네 믿음이 너를 구원하였느니라"고 말씀하십니다.(눅 17:11-19 참조)

일지 쓰기의 시작

- 감사해야 할 일을 열 가지를 적어 보십시오.
- 당신이 작성한 목록을 살펴 보십시오. 그것들 중에서 특별히 하나님께 감사했던 일은 몇 가지나 됩니까?
당신은 병이 나은 문둥병자들 중에 어떤 사람을 닮았습니까?

둘째 날 | 예수님을 따르라

편안한 자세로 두 눈을 감고 조용히 앉으십시오.* 몇 차례 심호흡을 하면서 몸과 영혼을 살아계신 그리스도께 집중시키십시오.*

우리는 이제 시간 여행을 하려 합니다. 이 여행에서 경험하는 것을 당신 자신의 경험으로 삼으십시오. 유대의 시골에서부터 출발합니다. 당신이 젊은 여인으로서 새로운 선지가 예수가 말하는 것을 들으려고 산기슭에 모인 많은 사람들 가운데 섞여 있는 모습을 그려 보십시오. 옹이가 많은 고목 아래 제자들이라고 불리는 사람들에게 둘러싸여 앉으신 예수님은 사랑스럽게 이 사람들을 내다 보십니다. 그리고 나서 이 예수는 부드럽지만 바람보다 강한 음성으로 말씀을 시작하십니다.
당신은 귀기울여 그분의 말을 들으려 합니다. 마치 그분이 당신에게만 말씀하시는 것처럼 느껴집니다. 그분은 참된 행복을 찾는 방법에 대해 말씀하십니다. 당신은 자신의 삶에 대해서, 그리고 이 가르침이 당신에게 갖는 의미에 대해서 생각합니다. 나는 온유한 사람인가? 자비로운가? 화평하게 하는가?* 당신의 생각은 다시 주님이 하시는 말씀에게로 돌아와 "너희 빛을 사람 앞에 비취게 하여 저희로 너희 착한 행실을 보고 하늘에 계신 너희 아버지께 영광을 돌리게 하라"는 구절을 붙잡습니다. 이 말씀이 당신의 영혼 안에 깊이 자리잡습니다. 나는 어떻게 해야 내 빛을 비취게 할 것인가?*
시간이 흘렀습니다. 당신은 예수님의 가르침에 흥미를 느껴 거의 항상 그분과 함께 지내는 무리 속에 섞여 말없이 그분을 따라가고 있습니다. 당신은 주님과 밀접하게 일하는 사람들을 알게 됩니다. 당신은 주님이 부르신 여인들—마리아, 요한나, 수산나 등—으로부터 종의 신분에 대해서 배웁니다. 당신은 여전히 "어떻게 해야 내 빛을 비취게 할 것인가?"라는 질문과 씨름하고 있습니다. 당신은 어리둥절합니다. 당신이 속한 사회에서는 여성이라는 이유로 당신에게 정당한 대우를 받지 못한다는 느낌을 받습니다. 그런데 이 예수는 당신의 내면에 있는 하나님의 형상을 보게 해줍니다. 당신은 예수께서 여인들을 상대하시는 것을 지켜 보았습니다. 어느 여인은 용감하게 예수님의 옷자락을 만졌습니다. 예수님은 "딸아 안심하라 네 믿음이 너를 구원하였다"고 말씀하셨습니다. 또 딸의 병을 낫게 해달라고 부탁하는 가나안 여인에게, 예수님은 "여자야 네 믿음이 크도다 네 소원대로 되리라"고 말씀하셨습니다. 예수님은 각각의 여인들을 중요한 사람을 대하듯이 대하십니다. 이렇게 보살피는 태도가 당신이 자신에 대해 믿고 있는 것과 조화를 이루려면 어떻게 해야 합니까?*

몇 년이 흘렀습니다. 당신은 항상 군중들 가운데 알려지지 않게 섞여서 충실하게 예수님을 따랐습니다. 그런데 지금 당신은 슬픔이 가득합니다. 사흘 전에 당신은 예수께서 달리신 십자가 밑에 한 무리의 여인들과 함께 서 있었습니다. 막달라 마리아, 살로메, 마리아, 그 밖에 여러 여인들이 사랑하는 친구의 고통스러운 죽음을 지켜 보면서 기도했습니다. 예수께서 고통과 고민을 겪으시는 것을 말없이 지켜보면서 어떻게 느꼈는지 기억해 보십시오.

당신은 우물에서 물을 긷고 있습니다. 그 때 목청껏 소리치는 친숙한 음성이 들려옵니다. 마리아와 막달라 마리아의 음성일까요? 예수님이 죽으셨는데, 그들이 어찌 그렇게 기뻐할 수 있겠습니까? 당신은 그들이 예루살렘 거리에서 외치는 소리를 듣습니다. "그분은 부활하셨다! 예수님이 살아나셨다!" 당신은 부활하신 예수님을 처음으로 볼 수 있게 된 이 여인들의 능력에 놀랍니다.*

시간이 흘러 다른 장소로 여행합니다. 당신은 기독교인 친구들과 함께 앉아 있고, 사람들은 당신에게 사도 바울의 편지를 읽어줍니다. 바울은 로마 교회에 당신과 함께 모인 많은 사람들에게 개인적으로 문안합니다. 각 사람의 사역을 확인해주는 그 편지를 읽어주는 동안, 당신은 바울이 언급하는 사람들의 얼굴을 지켜봅니다. 당신은 열심히 바울의 말을 듣고 있는 아굴라, 에배네도, 안드로니고, 루포의 얼굴을 봅니다. 또 당신의 자매들은 즐거운 마음으로 바울의 문안을 듣고 있습니다: 뵈뵈, 브리스킬라, 마리아, 드루베나, 드루보사, 루포의 어머니, 그리고 올름바 등. 당신의 이름이 불릴 때, 당신은 젊어서 멀리서 예수님을 따르던 때를 회고합니다. 이제 당신은 늙었습니다. 당신은 당신은 공개적으로 기독교인들이라고 알려진 사람들과 일하고 있습니다. 당신은 자신의 사역과 나눔의 결과들을 봅니다. 부활하신 그리스도를 아는 데서 임하는 능력을 느낍니다. 그리고 바울의 편지의 결론 부분이 낭독될 때, 당신은 감사하면서 고개를 숙이고 바울의 말을 따라 합니다: "지혜로우신 하나님께 예수 그리스도로 말미암아 영광이 세세 무궁토록 있을지어다!"*

이제 시간과 공간을 거슬러 올라가는 여행을 끝냈으므로, 현재의 시간과 공간으로 돌아와, 준비가 되면 눈을 뜨십시오.[6]

참고할 성경 본문: 마태복음 5:1-16, 9:20-22, 15:21-28, 27:55-56, 28:1-10; 눅 8:1-3; 롬 16:1-15, 27.

일지쓰기의 시작

- 당신에게 가장 생생한 장면/시간/장소는 어느 것입니까?
- "예수님을 따른다"는 것은 당신에게 무엇을 의미합니까?
- 당신의 삶에서 기독교인으로서의 성장에 도움을 준 믿음을 가진 여성들은 누구입니까?

셋째 날 | 하나님의 성령의 능력을 느낌

눈을 감으십시오. 목과 어깨의 긴장을 푸십시오. 1-2분 동안 심호흡을 하고 나서 다음의 묵상을 계속 하십시오.

능력과 영광 가운데 당신에게 임하시는 하나님의 임재를 느끼십시오. 당신이 시간과 공간을 거슬러 어느 골짜기로 이동되는 것을 느낄 때, 구름이 당신 주위를 휘감습니다. 주위를 살펴 보십시오. 두렵게도 그 골짜기에는 마른 뼈들이 가득합니다. 골짜기 바닥은 무슨 색입니까? 당신 주위에 많은 해골들이 있는 것을 보면서 무엇을 느낍니까?*

당신은 하나님이 당신과 함께 계시므로 즐거워합니다. 그 때에 하나님은 "인자야 이 뼈들이 능히 살겠느냐?"라고 질문하십니다. 당신은 즉시 "주 여호와여 주께서 아시나이다"라고 대답합니다. 마른 뼈들이 가득한 골짜기를 내다보고 다시 "이 뼈들이 능히 살겠느냐"라고 물으시는 하나님의 질문에 대해 생각해 보십시오.

그 때에 전능하신 분의 음성이 당신에게 들려옵니다: "너는 이 모든 뼈들에게 대언하여 이르기를 너희 마른 뼈들아 여호와의 말씀을 들을지어다 주 여호와께서 이 뼈들에게 말씀하시기를 내가 생기로 너희에게 들어가게 하리니 너희가 살리라 너희 위에 힘줄을 두고 살을 입히고 가죽으로 덮고 너희 속에 생기를 두리니 너희가 살리라 또 나를 여호와인 줄 알리라 하셨다 하라."

당신은 쌓여 있는 마른 뼈들을 보면서도 이 말씀을 믿으며, 또 하나님의 능력이 이러한 기적을 행하실 수 있다는 것을 압니다. 사랑하는 예루살렘으로부터 멀리 떨어진 곳에서 포로 생활을 하고 있는 당신의 백성들을 생각해 보십시오. 그들의 삶의 메마름, 많은 사람들이 느끼는 고독함과 단절감을 생각해 보십시오. 잘 알고 있는 노래 소리를 들어 보십시오:

> 우리가 바벨론의 여려 강변
> 거기 앉아서 시온을 기억하며 울었도다.(시 137:1)

몇 분 동안 당신의 형제요 자매인 이스라엘 백성들, 특히 하나님께서 자기를 버렸다고 느끼는 사람들의 얼굴을 그려 보십시오. 포로 생활의 고통 속에서 약해진 그들의 삶은 마른 뼈와 같지 않습니까?

당신은 자신이 예언자가 되어야 한다는 것을 알지만, 쉽게 말을 하지 못합니다. 심호흡을 하고서 하나님이 당신에게 명하신 대로 예언하십시오. 당신의 귀를 울리는 당신 자신의 말을 들어 보십시오.* 그렇게 하면 당신이 계속 하나님이 주신 생명의 복된 소식을 전파하는 동안, 당신은 새로운 소리를 듣습니다. 이 소리는 이제까지 들어본 적이 없는 소리입니다. 그것은 덜컹거리고 째깍거리는 소리이며, 이 세상의 소리가 아닙니다. 이 이상한 소리가 어디에서 오는 것인지 주위를 둘러보십시오.*

마른 뼈들이 마치 어떤 숨어 있는 조종자에 의해 작동되는 것처럼 살아나는 것을 볼 때에 당신의 눈은 휘둥그래집니다. 몸의 형태가 잡히기 시작하고, 뼈와 힘줄과 근육과 피부가 제 모습을 찾기 시작합니다. 그러나 이 시신들에게 생기가 없다는 것을 당신은 압니다.*

이번에는 한층 더 부드러운 하나님의 음성이 들려옵니다. 당신은 그 음성에 귀를 기울입니다. 그리고 하나님께서 가르치신 대로 바람에게 예언할 때에, 당신은 내면에서 거룩한 힘이 솟아오르는 것을 느낍니다. "생기야 사방에서부터 와서 이 사망을 당한 자에게 불어서 살게 하라."

당신은 서서 기다립니다. 당신이 기대하는 시선으로 하늘을 바라보고 있을 때에 생기가 당신의 주위와 계곡 전체를 휘감는 것을 느낍니다. 당신의 눈 앞에서 시신들이 생명을 얻어 움직이고 우뚝 서고 춤을 추기 시작합니다. 방금 전까지만 해도 마른 뼈들이 놓여 있는 곳에 강력한 군대가 있는 것처럼 보입니다.*

이 일은 완벽하게 느껴집니다. 그 때에 다시 능력이 강하게 임합니다. 하나님의 음성이 당신의 귀를 울립니다: "이 뼈들은 이스라엘 온 족속이라 그들이 이르기를 우리의 뼈들이 말랐고 우리의 소망이 없어졌으니 우리는 다 멸절되었다 하느니라 그러므로 너는 대언하여 그들에게 이르기를 주 여호와의 말씀에 내 백성들아 내가 너희 무덤을 열고 너희로 거기서 나오게 하고 이스라엘 땅으로 들어가게 하리라 내 백성들아 내가 너희 무덤을 열고 너희로 거기서 나오게 한즉 너희가 나를 여호와인 줄 알리라 내가 또 내 신을 너희 속에 두어 너희로 살게 하고 내가 또 너희를 너희 고토에 거하게 하리니 나 여호와가 이 일을 말하고 이룬 줄을 너희가 알리라 나 여호와의 말이니라 하셨다 하라."

갑자기 음성은 사라지고, 대기가 조용해집니다. 당신은 이 믿을 수 없는 하나님과의 만남을 생각하면서 주위를 둘러 봅니다. 이스라엘 백성에게 전해야 할 메시지를 깊이 묵상하니 힘이 솟는 것을 느낍니다.*

마른 뼈들에게 생기를 불어넣으시는 하나님의 성령의 능력이 당신과 함께 있을 때, 현재의 상황으로 돌아올 준비를 하십시오. 당신의 세계 안 어디에서 메마름과 죽음을 봅니까? 마르고 생명이 없는 것처럼 보이는 영역에 생기를 불어 넣으시는 하나님의 영을 그려 보십시오. 하나님의 능력은 아무 모진 순간이나 상황까지도 변화시킬 수 있다고 확신하십시오.*

준비가 되었으면, 현재로 돌아와 눈을 뜨십시오.

참고할 성경: 에스겔 37:1-15

일지 쓰기의 시작

· 당신의 경우에, 마른 뼈들은 무엇을 상징합니까?

- 당신에게 하나님의 능력이 가득하며 예언하여 뼈들이 생명을 되찾게 될 때의 느낌은 어떠합니까?
- 당신의 삶에는 하나님께서 소생시킬 수 있는 마른 부분이 있습니까?

넷째 날 | 화해의 은사

심호흡을 하여 긴장을 풀고 집중하십시오…이제 당신이 아름다운 성전 또는 거룩한 장소에 있다고 생각해 보십시오…그곳의 구조, 색깔, 향기, 그리고 그곳에 있는 사람들을 눈여겨 보십시오…그 아름다움, 권위, 위엄 등에 매료되어도 좋습니다…이제 당신의 손에 선물을 들고 있다는 것을 의식하십시오…제단을 향해 걸어가서 그 선물을 제단 위에 놓으십시오. 그곳에 있는 동안 서있거나 무릎을 꿇고 앉아서 당신에게 원한을 품고 있는 사람이 없는지 생각해 보십시오…아직 마치지 못한 일을 의식하십시오…이제 제단에서 물러나와 당신과 화해하지 못한 사람에게 가십시오…

그 사람을 만나서 효과적인 방법으로 이야기를 나누십시오…필요하다면 도움을 요청할 수도 있습니다…당신 자신으로 하여금 상호작용하게 하십시오…

준비가 되었다고 느끼면, 성전으로 돌아가 제단 앞으로 가십시오…다시 한 번 당신이 어떤 사람과 해결하지 못한 일이 있는지 생각해 보십시오…만일 있으면, 다시 성전을 나와 그 사람을 찾아가서 이야기를 하십시오…그리고 다시 성전으로 돌아가 제단으로 가십시오. 다시 한 번 이 장소 안에 있는 위엄을 의식하게 되며 깨끗하게 하는 화해를 의식하게 됩니다. 모든 곳을 꿰뚫는 하나님의 사랑이 당신의 존재 전체 안에 움직이고 있음을 느끼십시오. 이제 제단 앞에 두었던 선물을 바치고, 그 제물이 받아들여지는 것을 경험하십시오. 준비가 되었다고 생각되면, 성전 밖으로 나와 일상생활로 돌아가십시오…눈을 뜨십시오.[7]

참고할 성경본문: 마태복음 5:23-24

일지쓰기의 시작

- 제단 앞에서 경험을 한 뒤에 당신의 감정이 변화되었습니까?
- 과거의 원한을 버리고 그 사람과 화해할 수 있었습니까?
- 당신의 삶에는 화해해야 할 사람이 있습니까?

다섯째 날 | 예수님의 축복[8]

고대 유대 사회에는 "피흘림은 피를 흘리는 사람을 의식적으로 부정하게 하며, 부정한 것은 문둥병자나 시체와 마찬가지로 만져서는 안될 대상이었습니다…예수 시대의 유대교 내에서 여인들은 월경 때문에 정기적으로 부정했습니다."[9]

그처럼 "부정한" 여인이 당신에게 하는 말을 들어 보십시오. 그 여인의 이야기를 당신의 이야기로 삼으십시오.

과거에 내가 어떤 사람이었는지 말하기도 어렵습니다. 내가 월경이 멈추지 않은 여인"이었다는 사실을 이야기할 때에 과거 12년 동안 느꼈던 수치심이 다시 나를 엄습합니다. 처음에는 육체적인 질병으로 시작되었던 것이 하나의 꼬리표, 재앙, 위험 인물로 간주되어 추방되는 일로 발전했습니다. 나는 부정했습니다. 사회는 나를 받아들이지 않았고 사랑하지도 않았습니다.

나는 처음에는 그 질병과 맞서 싸웠습니다. 나는 여러 의사들을 찾아 다녔습니다. 그리고 나의 문제에 대한 해답을 가지고 있다고 생각되는 사람의 말이라면 무조건 들었고, 심지어 있을 수 없거나 미친 짓이거나 위험한 치료법도 사용해 보았습니다. 나는 건강을 되찾기 위해서라면 무슨 일이라도 하려 했습니다. 멈추지 않고 흐르는 피가 나에게서 얼마나 많은 에너지를 빼앗아 가는지 상상할 수 있습니까? 당신 자신도 어쩔 수 없는 일 때문에 사람들로부터 무시당한 경험이 있습니까? 야비한 농담이나 폭언을 당한 경험이 있습니까?*

친구들마저 나에게서 떠나갔습니다. 그들이 호의에서 하는 충고는 내 영혼을 찔러 아프게 했습니다. "너는 무슨 죄를 범했기에 이러한 고난을 당하느냐? 하나님께 용서해 달라고 요청하는 것이 어때? 너는 참 고집이 세구나." 온갖 치료를 받고 충고를 받아들였지만, 계속 피를 흘렸기 때문에, 사람들은 내게 큰 잘못이 있다고 생각했고, 결국 나는 외톨이가 되었습니다.

이제 아무도 나를 도울 수 없다는 것을 분명히 알게 되었습니다. 나는 자신이 영원히 피를 흘리게 될 것, 육체적으로 죽을 정도로 피를 흘리는 것이 아니라 내면에서 서서히 죽게 만들 정도로 피를 흘리게 될 것이라는 사실을 체념하고 받아들였습니다. 나는 고독하고 사랑이 부족하고 희망이 없어서 죽어가고 있었습니다. 나는 자신이 항상 고독하고 사랑받지 못하고 희망이 없었다는 것을 깨달았습니다. 나는 이렇게 의미 없는 삶을 계속해야 하는 이유를 알고 싶었습니다.

내가 사람을 얼마나 그리워했는지 당신은 상상할 수 없을 것입니다. 거리의 아이들조차도 나에게 가까이 와서는 안된다는 것을 알고 있었습니다. 12년 동안 다정한 손길을 느끼지 못하고, 친구와 얼싸안지 못하고 남편의 입맞춤을 받지 못하고 아이들을 안아주지 못했습니다. 12년은 정말 긴 세월이었습니다.*

그리하여 나는 정서적으로나 육체적으로 완전히 기진맥진했습니다. 더 이상 살아갈 이유가 없는 것 같았습니다. 그 때에 나는 시장에 가는 도중에 사람들이 예수님에 대해서 하는 말을 들었습니다. 어떤 사람이 "새로운 믿음의 치료자!"라고 했고, 어떤 사람은 "그분은 장님과 절름발이와 귀머거리를 고칠 수 있다"고 말했습니다. 나는 감히 그들에게 자세한 내용을 물어보지는 못했지만 예수님의 이름은 확실히 들었습니다. 나는 그들의 대화를 엿들으면서 조금씩 예수를 만나야 한다고 확신하게 되었습니다.

그리고 내가 예수님을 만나던 날, 나는 그분의 옷자락을 만지기만 해도 병이 나을 것이라고 생각했습니다. 물론 그것을 모험이었습니다. 그 분은 랍비였습니다. 부정한 여자가 만졌다는 것을 알면 그분은 분명히 화를 낼 것이었습니다. 하지만 가만히 다가가서 땅바닥에 닿은 옷자락을 살짝 만지면, 그분이 알지 못할 것 같았습니다. 나는 소동을 일으키지 않고도 능력을 받을 수 있을 것 같았습니다.

내 평생에 그렇게 두려웠던 적은 없을 것입니다. 그러나 그분의 옷자락을 만지는 순간, 나는 병이 나았음을 알았습니다. 축축하고 끈적끈적한 것이 사라지고, 내 몸에 새로운 에너지가 부어졌습니다. 그러나 내가 이 은사로 인해 하나님께 감사하기도 전에, 예수님은 주위를 돌아보시며 "누가 내 옷에 손을 대었느냐?"고 물으셨습니다. 나는 겁에 질렸습니다. 나의 방자한 행동 때문에 주님이 정죄하시는 것을 견딜 수 없었습니다. 그래서 나는 그분 앞에 엎드렸습니다. 나는 나에게 쏟아지는 그분이나 주위 사람들의 시선을 견딜 수 없었습니다. 나는 지금까지 살아온 이야기를 털어놓았습니다. 그리고 용서를 구했습니다. 그리고 그렇게 땅바닥에 엎드린 채 그분에게서 쏟아질 진노, 부정한 여인에게 쏟아놓아야 할 분노를 기다렸습니다. 하지만 그러한 분노의 말은 나에게 들리지 않았습니다.

당신은 이 일을 믿을 수 있습니까? 그분은 인자하고 불쌍히 여기시는 표정으로 나를 바라보셨습니다. "딸아 네 믿음이 너를 구원하였으니 평안히 가라 네 병에서 놓여 건강할지어다."

그분이 이렇게 말씀하시면서 나를 축복하셨을 때, 나는 자리에서 뛰어 일어나 병이 나은 것을 알리면서 거리를 뛰어 돌아다녔습니다. 사람들과 부딪히는 것도 상관하지 않았습니다. 나는 새 친구를 사귈 수 있었고 사람들과 접촉하고 사랑을 나눌 수 있게 되었습니다. 그것은 내가 용기를 내어 그 능력있는 분에게 손을 대었기 때문입니다!

내 이야기를 들어 보십시오. 내가 과거에 느꼈던 수치와 지금 경험하는 무한한 기쁨을 느끼십시오. 그리고 나에게 말씀하셨던 것처럼 당신에게도 "네 병에서 놓여 건강할지어다"라고 말씀하시는 예수님의 축복을 받으십시오.

참고할 성경본문: 마가복음 5:25-34

일지 쓰기의 시작

- 당신이 예수님과 만난 후 삶이 어떻게 변화되었습니까?
- 당신의 입장에서 "병에서 놓여 건강하다"는 것은 무엇을 의미

합니까?

여섯 째 날 | 예수님 말씀의 의미

어깨를 으쓱했다가 내리기를 다섯 번 반복하십시오, 고개를 전후좌우로 돌리십시오. 묵상을 준비하기 위해서 심호흡을 하십시오.

당신이 옛날 유대 지방에 살고 있다고 상상하십시오. 당신은 병자를 고치시고 하나님에 대해 가르치시고 권세자들에게 도전하시는 나사렛 예수에 대한 소문을 들은 적이 있습니다. 어느날 당신은 많은 사람들 속에 섞여 예수님을 따라가기로 마음 먹었습니다. 당신은 그분의 말씀을 주의깊게 들었습니다. 그리고 어느 청년이 예수님께 나아와 질문할 때에는 관심을 가지고 살펴 보았습니다.
"선생님이여 내가 무슨 선한 일을 하여야 영생을 얻으리이까?" 이것은 당신도 알고 싶은 일일 것입니다. 예수님께서 "어찌하여 선한 일을 내게 묻느냐 선한 이는 오직 한 분이시니라 네가 생명에 들어가려면 계명들을 지키라"고 대답하실 때에 당신도 놀랄 것입니다. 청년은 보다 구체적으로 질문합니다. "어느 계명이오니이까?"
예수님은 관심을 가지시고 청년을 바라보시며 말씀하십니다. "살인하지 말라, 간음하지 말라, 도적질하지 말라, 거짓 증거하지 말라, 네 부모를 공경하라, 네 이웃을 네 몸과 같이 사랑하라."
당신은 이 계명들의 중요성을 알고 있지만, 이것들에 대해서 곰곰이 생각합니다.* 그런데 청년이 고집스럽게 "이 모든 것을 내가 지키었사오니 아직도 무엇이 부족하니이까?"라고 말하는 소리를 들으면서 당신은 공상에서 깨어납니다. 당신은 이 청년이 예수님에게서 기대하는 대답이 무엇인지 궁금하게 여기면서 귀를 기울입니다.
예수님은 부드럽게 말씀하십니다: "네가 온전하고자 할진대 가서 네 소유를 팔아 가난한 자들을 주라 그리하면 하늘에서 보화가 네게 있으리라 그리고 와서 나를 좇으라."
청년의 표정이 이상해집니다. 그는 고개를 숙이고 있다가, 낙심하여 어깨를 웅크리고서 천천히 그곳을 떠납니다.*
예수님과 제자들이 대화를 계속하시는 동안, 당신은 계속 그 청년의 슬픈 시선을 생각합니다. 예수님은 냉혹한 말씀을 하십니다: "내가 진실로 너희에게 이르노니 부자는 천국에 들어가기가 어려우니라 다시 너희에게 말하노니 약대가 바늘귀로 들어가는 것이 부자가 하나님의 나라에 들어가는 것보다 쉬우니라."
당신의 눈이 둥그래집니다. 당신은 귀를 의심합니다. 이 말씀은 도대체 무슨 의미입니까?* 놀란 것은 당신만이 아닙니다. 예수님의 친구들은 그 말씀을 설명해 달라고 조릅니다. "그런즉 누가 구원을 얻을 수 있으리이까?"
예수님은 친구들을 바라보시면서 대답하십니다. "사람으로는 할 수 없으되 하나님으로서는 다 할 수 있느니라." 대화는 계속됩니다. 이 말씀이 당신에게 의미하는 것을 알기 위해서 당신은 부지런히 생각합니다.* 하나님께서는 당신의 삶 속에서 무슨 일을 행하실 수 있습니까?* 당신은 자신을 부자라고 생각합니까, 가난하다고 생각합니까?*

준비가 끝나면, 당신이 예수님과 그를 따르는 사람들에게서 떠나 걸어가고 있는 모습을 상상하십시오. 유칼립투스 나무가 늘어선 길을 따라 걸어가십시오. 그 후에 준비가 되면, 현재로 돌아오십시오.

참고할 성경 본문: 마태복음 19:16-26

일지쓰기 시작

- 당신을 청년과 동일시할 수 있습니까?
- 예수님의 말씀이 당신에게 주는 의미는 무엇입니까?

일곱 째 날 | 하나님의 평화의 메시지를 전파하십시오

눈을 감고, 당신이 지구 주위를 도는 우주선에 탑승하고 있다고 상상해 보십시오. 지구 주위를 천천히 도는 동안에 여러 대륙들의 윤곽을 보십시오. 당신이 잘 알고 있는 지역—대양, 국가, 도시 등—에 주목하십시오.*

이제 우주선은 착륙할 준비를 하고 있습니다. 대기가 탁해지고, 당신은 우주선이 어느 방향으로 가는지 알 수 없습니다. 우주선이 수면에 닿을 때, 당신은 가벼운 충격을 느낍니다. 대기가 분명해지면서, 당신은 자신이 파도에 의해 육지로 밀려가고 있음을 깨닫습니다. 당신이 있는 곳이 어디인지 궁금합니다. 이곳은 당신이 잘 아는 장소일까요?

우주선이 해안에 도착했습니다. 당신은 산들과 나란히 펼쳐진 모래 사장을 봅니다. 당신 앞에 특히 높은 산봉우리가 보입니다. 당신은 산 꼭대기를 향해 걷기 시작합니다. 길은 험하지 않습니다. 걸어가는 동안 그 지방에서만 자라는 특별한 식물들을 감상합니다. 당신은 놀랄 만큼 쉽게 산을 오릅니다. 거의 정상에 도착했습니다. 산 봉오리의 한쪽 편에 푸른 풀밭이 있는데, 그곳에서 당신은 생명의 상징들을 봅니다.*

당신은 놀랍니다. 왜냐하면 이곳에는 여러 가지 생물들이 모여 있기 때문입니다: 사자, 황소, 곰, 양, 늑대, 사람, 뱀 등. 어린아이의 웃음소리가 공중에 가득하고, 제비꽃과 인동덩굴의 향기도 가득합니다. 당신이 다가가니, 모든 생물들이 당신쪽을 향합니다. 그러나 당신은 두렵지 않습니다. 오히려 그들과 함께 하자는 무언의 초청을 받습니다.*
이 기이하고 놀라운 장소에서 시간을 보내면서, 이 산의 거룩함을 감지하기 시작합니다. 당신은 자신이 약간 거룩하다고 느끼며, 이제까지 알고 있었던 세상을 상상하기가 어려워집니다. 여러 가지 동물들이 섞여 지내는 이 특별한 장소가 표준적인 장소처럼 여겨집니다. 폭력이 존재하는 세상은 이해되지 않습니다. 당신은 이 거룩한 산과 그 찬란한 빛과 평화만 생각하려 하지만, 내면에 있는 어떤 것은 당신이 방금 떠나온 세상—늑대와 양이 평화롭게 어울려 살지 못하는 세상, 어린아이들이 온갖 종류의 해로부터 보호받아야 하는 세상—으로 계속 돌아갑니다.*
당신이 이 평화로운 산에 오게 된 데에는 목적이 있다는 것이 분명해집니다. 이 거룩한 산에서의 경험은 당신을 자극하여 이 평화로운 장면을 사람들에게 이야기하게 만듭니다. 따라서, 이곳을 떠난다는 생각조차 하기 힘들지만, 당신은 이 무리에게 작별을 고하고 우주선으로 돌아옵니다. 우주선을 타고 다시 하늘로 올라간 당신은 다시 알고 있던 세상을 생각합니다. 특별한 장소가 생각납니다. 당신은 잘 알고 있는 장소—당신과 친구들이 살고 있는 도시들—을 생각합니다. 당신은 지도에 이름만 기록된 장소들에 초점을 두는데, 그 중 어느 곳의 주민들은 당신의 조국의 원수로 간주됩니다. 당신은 지구라는 행성이 얼마나 크고, 그곳에 사는 사람들이 얼마나 다양한지 깨닫습니다.*
당신은 자신의 메시지가 어느 지역, 어떤 환경에 사는 사람에게든지 적용될 수 있다는 사실에 감사합니다. 당신은 거룩한 산에서 시간을 보내면서 튼튼해졌음을 느낍니다.

하나의 장소를 선택하여, 그곳에 사는 사람들을 만나기 위해 우주선을 그곳에 착륙시키십시오. 그곳의 주민들을 보십시오. 그들은 어떤 옷을 입고 있습니까? 사는 집은 어떻습니까? 자신감을 가지고 한 사람이나 무리에게 접근하여, 당신이 거룩한 산에서 경험한 일을 이야기하십시오. 당신의 메시지를 받아들일 것이라고 확신하면서 평화의 메시지를 전하십시오. 늑대와 양이 어울려 지내고, 어린아이가 독사가 있는 곳에서 놀던 일을 기억하십시오. 그리고 이 사람들도 세상에 있는 다른 모든 사람들과 함께 하나의 공동체가 될 수 있다는 것을 아십시오.*

이 사람들이 당신의 메시지를 이해한다고 느끼면, 다른 장소로 이동하십시오. 당신이 원하는 대로 이동하면서 메시지를 전하십시오. 모든 지역의 사람들이 당신의 메시지—정말로 평화가 가능하다는 확신—를 간절히 원하고 있다는 것을 깨달으십시오. 당신이 하나님의 평화를 전하면서 모든 인류와 연결되어 있음을 느끼십시오.*

이러한 느낌을 받았다고 생각되면, 평화를 이루는 사람으로서의 당신의 능력과 가능성에 대한 의식을 지닌 채 현실로 돌아오십시오.

참고할 성경 본문: 이사야 11:6-9; 마태복음 5:9

일지쓰기시작

- 당신에게는 이야기하고 싶은 평화의 이상이 있습니까?
- 평화를 이루는 사람으로서의 당신의 능력을 어떻게 주장하겠

습니까?

묵상을 토대로 한 일지 쓰기에 도움이 되는 문헌

특별히 그룹이나 개인이 사용할 수 있는 묵상 자료를 제공하는 책들이 있습니다. 예를 들면 다음과 같습니다:

- *Opening to God: Guided Imagery Meditation on Scripture* by Carolyn Stahl Bohler (Nashville, Tenn.: Upper Room Books, 1996). 이 책에는 "정서적이고 감각적인 기도의 체험"을 개방해 주는 50가지의 묵상 자료가 수록되어 있다.
- *Depth Healing and Renewal Through Christ: Guided Meditations of Inner Healing*, Flora Slosson Wuellner (Nashville, Tenn.: Upper Room Books, 1996).
- *Do What you Have the Power to Do: Studies of Six New Testament Women*, Helen Bruch Peerason (Nashville, Tenn.: Upper Room Books, 1992). 이 책에는 성경에 등장하는 여인들에 관한 여섯 가지의 훌륭한 묵상 자료가 수록되어 있다.

주

1) Molton T. Kelsey, *Adventure Inward: Christian Grwoth through Personal Journal Writing* (Minneapolis, Minn.: Augusburf Publishing House, 1980), 141-142.
2) O. Carl Simonton and Stephanie Matthews-Simonton, as described by Kenneth R. Pelletier, *Mine as Healer, Mind as Slayer: A Holistic Approach to Preventing Stress Disorders* (New York: Dell Publishtin, 1977), 252-262.
3) Michael Samuels and Hal Bennett, *The Well Body Book* (New York: Random House, 1973), 8-14.
4) Carolyn Stahl Bohler, *Opening to God: Guided Imagery Meditation on*

Scripture (Nashville, Tenn.: Upper Room Books, 1996), 55.
5) Ibid., 46-47.
6) 이 묵상은 본래 *Women: Called to Ministry*, Anne Broyles and Margaret A. Turbyfill (Nashville, Tenn.: Division of Ordained Ministry, The United Methodist Church, 1985), 8-9에 수록되어 출판되었다.
7) Bohler, *Opening to God: Guided Imagery Meditation on Scripture,* 74-75.
8) 이 묵상은 Mallonee Hubbard의 글인 "The Woman Who Never Stopped Menstruating," *Daughters of Sarah,* (Vol. 11, No. 5 Nov./Dic. 1985): 8-10에서 인용한 것이다.
9) ibid., 8.

❦
지도를 받아 묵상하면서 일지 쓰기

넷째 주

꿈으로 일지 쓰기

　그녀는 윙윙거리는 소리를 들었습니다. 깊이 잠들어 있었던 그녀는 계속 울려대는 자명종 시계 소리를 무시하려 했습니다. 그녀는 팔을 뻗어 시계를 눌러놓고는 이불을 뒤집어쓰고 다시 잠을 청했습니다. 그녀는 "이 꿈은 아주 좋은 꿈이야. 이 꿈을 잃고 싶지 않아"라고 생각했습니다. 그런데 이번에는 쓰레기차가 그녀가 사는 아파트 앞에 섰습니다. 깡통들이 쨍그랑거리는 소리와 트럭의 엔진 소리 때문에 잠을 잘 수 없었습니다. 그녀는 포기하고 침대에 일어나 앉았습니다. 그리고 지금까지 꾼 꿈을 기억해보려 했습니다.
　상세한 내용은 분명히 기억나지 않았지만, 그 꿈은 기분좋은 꿈이었습니다. 꿈 속에서 본 사람—그 사람은 그녀가 아는 사람 같지는 않았습니다—은 그녀에게 자신이 특별한 사람이며 안전하게 보살핌을 받고 있다는 느낌을 주었습니다. 이 사람은 그녀가 알고 있는 여러 사람의 특징을 골고루 가지고 있는 것 같았지만, 정확하게 그가 누구인지 지적할 수 없었습니다.

그녀는 하루 종일 그 꿈의 내용을 단편적으로 생각했습니다. 마치 조각보를 만드는 것이나 퍼즐을 맞추는 것 같았습니다. 그 꿈은 다른 사람에게는 중요하지 않겠지만, 그녀의 삶의 특정한 측면들이 새로이 이해되기 시작했습니다.

사람들은 누구나 꿈을 꿉니다. 그러나 우리는 자는 동안에 꾸는 꿈의 대부분을 기억하지 못합니다. 특별히 무서운 악몽을 꾸거나 잠에서 깨기 직전에 생생한 꿈을 꾸지 않는 한, 우리의 무의식이 꿈 속에 개입되는 수면 시간은 의식적인 생각으로 드러나지 않습니다.

그러나 꿈은 우리의 수면 시간이 주는 특별한 선물입니다. 이 무의식의 경험을 통해서, 우리는 깨어 있을 때에 필요한 의미를 발견할 수도 있습니다. 프로고프(Ira Progoff)는 꿈은 "한 사람의 본성의 근원"을 가져다 준다고 주장하면서, 다음과 같이 기록합니다:

> "꿈은 개인의 정신이 이동하는 다양한 차원을 무의식적으로 반영하여 표현해준다. 꿈은 한 사람의 삶, 당면한 문제와 두려움, 그리고 그가 의식적으로 계획하고 지향하는 목표와 소망 등 외적인 상황을 표현해준다. 게다가, 꿈은 한 사람의 삶에서 전개하려 하는 무의식적인 심오한 목표들을 반영해준다."[1]

일지를 쓰면서 꿈을 사용하는 사람들은 꿈 속에 존재하는 심오한 의미와 단계들을 발견하곤 합니다. 간단히 꿈을 기록하는 과정은 우리에게 자신의 심오한 부분, 앨런 맥클래샨(Alan McGlashan)이 "내면의 꿈장이"(dreamer within)라고 부른 것에 접촉할 기회를 제공해줍니다.

"내면의 꿈장이"는 누구입니까? 존 샌포드(John A. Sanford)는 『꿈: 하나님의 잊혀진 언어』(*Dreams: God's Forgotten Language*) 라는 책에서 다음과 같이 말합니다:

"우리는 그것을 다음과 같이 생각할 수 있습니다: 만일 꿈이 의미를 지닌다면, 이 의미는 분명히 우리의 의식적인 인격에서 오는 것이 아닙니다. 또 만일 우리가 의식적으로 자아(ego)로부터, 우리가 잘 알고 있는 이기적인 부분(I)으로부터 꿈을 만들어 내지 않는다면, 우리가 꾸는 꿈의 의미는 우리의 정신 생활의 무의식적인 근원에서 오는 것입니다."

샌포드는 그 책의 뒷부분에서 성경에 기록된 꿈과 환상들을 상세히 열거합니다. 꿈이나 환상을 통해서 창조주로부터 특별한 커뮤니케이션을 받는 평범한 사람들의 예를 볼 때, 신·구약 성경에서 꿈과 환상은 하나님이 주시는 계시로 간주되었음이 분명합니다. 꿈은 하나님과 인간 사이에 이루어지는 커뮤니케이션의 또 다른 형태에 불과합니다.[2] 하나님의 영은 우리를 내적 자아 및 우리를 지으신 분께 더 가까이 인도해주는 "내면의 꿈장이"일 수 있습니다.

의식적으로, 그리고 체계적으로 꿈을 기록하지 않는 한, 많은 사람들은 내면의 꿈장이를 충분히 경험할 수 없습니다. 꿈은 우리로부터 분리된 것이며 이용할 수 없습니다. 그러나 하나님과의 밀접한 관계를 추구하는 사람들의 입장에서 보면, 꿈은 하나의 중요한 연결고리가 될 수 있습니다.

여호와께서 꿈을 통해서 아브람, 야곱, 사무엘, 다니엘, 마리아, 요셉, 베드로, 바울 등에게 말씀하셨다면, 지금도 당신의 꿈 속에서 당신에게 말씀하실 수도 있습니다. "우리의 영적 친구인 꿈은 항상 우리로 하여금 하나님이 주시는 새로운 말씀—때로는 확신의 말, 때로는 경고나 인도나 명령의 말—을 받아들이라고 격려해 줍니다. 꿈이 우리에게 무엇을 말하든지, 꿈은 하나님의 임재를 분명하게 제시하여 우리의 삶을 변화시킬 수 있을 것입니다."[3]

꿈은 하나님이 우리에게 보내 주시는 친구입니다. 다른 친구들이 그렇듯이, 꿈도 우리의 의식 속에 받아들여져야 합니다. 꿈이 주는 선물들을 받아들이기 위해서 당신 자신을 어떻게 개방할 수 있습니까? 첫째, 꿈은 당신을 해치려는 것이 아니라 돕기 위한 것임을 깨달을 수 있습니다. 당신의 삶의 모든 측면이 하나님으로부터 온다는 것을 알게 되면서, 꿈을 통해서 꿈장이이신 하나님(God the Dreamer)과 가까워질 수 있다고 자신있게 말할 수 있습니다. 꿈이 당신의 의식과 무의식 속에 있는 긍정적이고 본질적인 요인이라고 느낀다면, 당신은 꿈이 주는 선물을 받아들일 준비를 갖출 수 있습니다.

잠 자기 전에, 꿈을 통해서 주어지는 하나님의 메시지를 받아들일 수 있게 해 달라고 기도하십시오. 꿈을 기억할 준비를 하기 위해서 침대 곁에 펜, 종이, 손전등, 소형 녹음기 등을 준비해둘 수 있습니다. (밤중이나 아침에) 잠에서 깨어나면, 즉시 기억나는 꿈의 내용을 기록하십시오. 기록할 때에 하찮게 보이거나 이해되지 않는 것이라도 기억나는 느낌이나 내용에 주목하면서 재빨리 기록하십시오.

당신이 꿈을 기억하려고 노력을 하면, 그만큼 이러한 무의식의 기억들은 쉽게 정신의 전면으로 떠오를 것입니다. 당신이 특별한 시기에 꾼 꿈을 기억하려고 노력하는 동안에, 다른 꿈들—어렸을 때의 꿈, 자주 반복되는 꿈, 악몽, 오래 전에 꾸었던 꿈의 단편들—도 기억할 수 있을 것입니다. 그것들도 기록해 두십시오.

당신이 경험한 대로 꿈의 내용을 기록하십시오. 이 때에는 꿈을 판단하거나 비난 또는 분석하지 마십시오. 비판적인 정신으로 꿈을 분석하기보다는, 그 꿈을 일지에 기록하여 얼마동안 내버려 두십시오. 일지에 기록된 꿈을 내용을 다시 읽을 때에, 당신은 어떤 행동이 의미하는 것이나 꿈 속에 나타났던 인물이 누구를 나타내는 것인지에 대한 중요한 통찰을 얻을 수도 있습니다. 그와 같은 "해몽"이 쉽게 이루어진다면, 그것은 좋은 해몽입니다. 그렇지 않다면, 일지에 꿈들을 수록하십시오. 당신의 꿈 생활의 활동 사진을 모으십시오.[4] 어느 정도 시간이 흐르면, 당신은 자신이 꿈을 꾸는 일정한 유형을 알 수 있을 것입니다.

 우리는 꿈의 모든 부분을 정신 분석하지 않아도, 종종 기록해둔 꿈을 읽고 기도하면서 그것들 속에서 하나님이 하시려는 말씀을 깊이 생각함으로써 자신의 영적 여정에 대한 새로운 통찰들을 얻을 수 있습니다. 꿈을 분석하는 것은 보람 있고 의미있는 일입니다. 우리는 대체로 자신의 꿈에 대해서 몇 가지 의미를 추측할 수는 있지만, 프로이드나 융처럼 함축된 의미를 지적하지는 못합니다. 만일 꿈을 보다 깊이 분석하기를 원한다면, 꿈의 분석에 대한 강의를 듣거나 책을 읽을 것입니다.

 심오한 꿈의 분석을 위한 능력이나 준비를 할 때에는 현실적으로 대처해야 하며, 한 가지 꿈을 여러 가지로 해석할 수 있다는 것을 알아야 합니다. 예를 들어, 당신이 꿈에서 상자를 보았다고 가정해 보십시오. 정신 분석에서 상자는 전형적인 상징으로, 자신의 진로가 가로막혔다거나, 상자를 깨고 나와야 한다거나, 안전함이 필요하다고 느끼고 있다는 결론을 내릴 수도 있을 것입니다. 그러나 지금 이사 준비 중에 있다면, 그 꿈은 실제 상황을 반영하는 것일 수도 있습니다.[5]

 이번 주 일지 쓰기는 하나님께서 당신 및 당신의 영적 여정에 주시는 선물인 꿈에 초점을 둘 것입니다. 매일 밤, 꿈 속에서 당신에게 임할 수도 있는 하나님의 선물을 받아들이고 당신 자신을 개방하기 위해서 위에서 간단히 요약한 과정을 시도해 보십시오. 낮에는 기록해둔 꿈을 다시 읽고 상세한 내용을 추가할 수도 있습니다. 스스로에게 다음과 같은 질문을 해 보십시오:

- 이 꿈에서 나는 배우인가, 관객인가?
- 꿈의 등장인물은 누구인가?
- 깨어나면서 어떤 느낌을 받았는가?
- 지금 이 꿈을 다시 읽을 때에 느낌은 어떠한가?
- 이 꿈에 조금이라도 친숙한 것이 있는가?
- 분명한 의미나 메시지가 생각나는가?

꿈을 내용을 전혀 기억할 수 없을 때에는, 일지를 쓸 때에 오랫동안 당신의 기억 속에 남아 있는 과거의 꿈들의 내용을 적어 보십시오. 위의 질문들은 밤이 아닌 다른 시간에 꾼 꿈에도 적용할 수 있습니다.

꿈을 일지에 기록하는 일은 그리스도 안에서 하나님과의 연합을 추구하는 당신에게 매일의 훈련이 될 수 있습니다. 일지를 쓸 때에 여러 가지 상이한 형식을 사용할 수 있으며, 특별한 꿈의 의미를 보다 상세히 다루려 하거나 그 꿈이 당신의 마음과 영혼에 감명을 주었을 때에는 그 꿈에 대해서 일지를 쓸 수도 있을 것입니다. 당신이 일지에 꿈을 어떻게 사용하든지, 꿈장이이신 하나님은 당신이 잠자는 동안 무의식 속에서 연출되는 장면들을 통해서 부드럽고 세미한 음성으로 당신에게 말씀하실 것입니다.

꿈장이이신 하나님은 백일몽을 통해서도 말씀하시고, 우리를 환상으로 인도하시고 나서 의미있는 삶을 실천하게 하실 것입니다. 백일몽도 밤에 꾸는 꿈과 마찬가지로 내면 깊은 곳에서부터, 또 다른 방법으로 우리에게 계시되시는 하나님으로부터 오는 것입니다. 그러므로 당신의 백일몽을 "넌센스"로 여기거나 시간 낭비로 여기기보다는 일지에 기록해 두고 보다 깊이 생각해 보십시오. 그것이 당신을 하나님과 연결시켜 줄 것이라고 생각하십시오.

밤에 꾸건 낮에 꾸건 간에, 꿈은 친구로서, 하나님이 사랑하는 자녀에게 주시는 메시지로 여겨 따뜻하게 받아들이십시오.

참고 문헌

Dreams: A Portal to the Source: A Guide to Dream Interpretation, Edward C. Whitmont and Sylvia B. Perera (New York: Routledge, 1992).
Dreams: What They Are and What They Mean, J. W. Wickwar (Santa Fe, N. Mex.: Wun Publishing, 1996).
Dreams; A Way to Listen to God, Morton T. Kelsey (Mahwah, N.J.: Paulist Press, 1978).
Dreams: God's Forgotten Language, John A, Sanford (San Francisco: Harper San Francisco, 1989).
Dreams: a Key to Self-Knowledge, Zygmunt A. Piotrewski and Albert M, Biele (Mahwah, N.J.: Lawlence Erlbaum Associates, 1986).
The Dreamland Companion: A Bedside Diary and Guide to Dream Interpretation, Ilan Kutz (New York: Hyperion, 1993).
"Seventeen Suggestions for Interpreting Yor Dreams," in *Adventure Inward: Christian Growth through Personal Journal Writing*, Morton Kelsey (Menneapolis, Minn.: Augsburg Publishing House, 1980).
"Working with Our Dreams," in *Writing to Access the Power of the Unconscious and Evoke Creative Ability*, Ira Progroff (j. P. Tracher, 1992).
Jung and the Interpretation of the Bible, David L. Miller (New York: Continuum Publishing, 1995).

주

1) Ira Progoff, *At a Journal Workshop* (New York: Dialogue House Library, 1977), 229.
2) Ibid., 116.
3) Leroy T. Howe, "Dreams as Spritiaul Friends," *Weavings,* July/August 1987, 42.
4) Progoff, *At a Journal Workshop,* 231.
5) Fran Cooper, in conversation with author.

꿈으로 일지쓰기

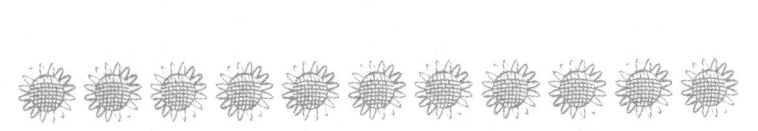

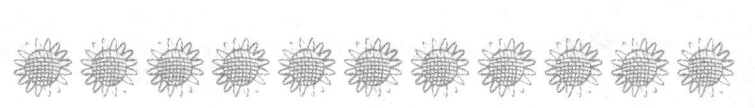

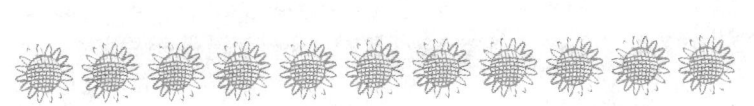

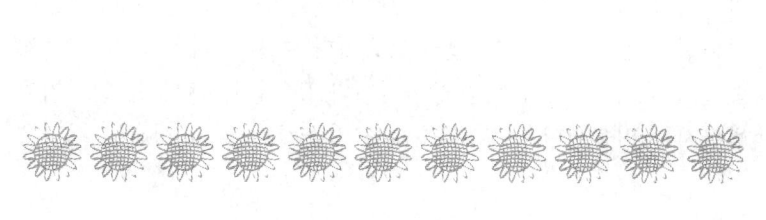

독서를 토대로 하여 일지 쓰기

나는 대학을 졸업하기 전에는 실제로 북아메리카 외의 지역을 여행한 적이 없습니다. 그러나 어려서부터 나는 세계 여러 지역을 "고향"이라고 불렀습니다. 영국, 남아프리카, 인도, 중국, 기타 다른 이국적인 장소들이 내가 읽을 책을 통해서 나의 내면에 깊이 자리잡고 있었습니다. 나는 외국에 가본 적이 없음에도 불구하고, 나는 그곳의 생김새, 느낌, 냄새, 소리를 어느 정도 알고 있었습니다. 나에게는 그곳에 사는 친구들이 있었고, 비록 가상의 친구들이었지만 나는 그들의 눈과 귀를 통해서 그 지방의 일을 경험했습니다. 독서를 무척 좋아했던 나는 운이 좋게도 독서를 통해서 새로운 세계를 방문할 수 있고 개념들이 형성되고 편견에 도전할 수 있다는 사실을 깨달았습니다.

어떤 사람들은 소설을 즐겨 읽습니다. 어떤 사람은 전기, 학문적인 연구서, 철학 서적 등을 좋아합니다. 또 어떤 사람들은 일간지와 월간지를 읽습니다. 우리가 무엇을 읽든지, 매일 독서하는 시간은 우리 자신과 하나님 사이의 대화를 위한 기초가 될 수 있습니다. 우리가 신문이나 잡지, 또는 책을 읽을 때, 어떤 구절이나 인용문이 특히 눈에 뜨이지 않습니까? 새로운 생각이 주어지거나 오랫동안 믿었던 신념들을 재고해 보려는 도전을 받지 않습니까?

일간지를 읽는 것도 일지 쓰기와 연결지으면 세상을 위해 기도하는 의식적인 시간이 될 수 있습니다. 우리는 지진 피해자들을 위한 걱정, 핵 전쟁에 대한 두려움, 신생의 즐거움이나 평화 협정에 대한 즐거움 등을 일지에 기록할 수 있습니다. 매일의 뉴스에 대한 반응으로 일지를 기록하면서, 우리는 세상에서 일어나고 있는 것과 상호작용합니다. 우리 자신과 온 세상 사람들의 관계를 한층 더 강력하게 느낍니다.

잡지 기사도 학습을 위한 온상을 마련해 줍니다. 이러한 기사들을 일지 쓰기와 결합하면, 우리는 전진할 수 있습니다. 에이즈의 원인을 조사하는 연구에서 하나님이 어떻게 드러나십니까? 대리모에 대한 논의에서는 어떻게 나타납니까? 마약 때문에 죽은 젊은 운동 선수의 이야기에서는 어떻습니까? 우리가 읽는 기사의 주제에 의해서 우리의 믿음은 어떻게 검증되거나 강화됩니까? 어느 저자의 관점에 대해 부정적으로나 긍정적으로 반응하게 만드는 우리의 신앙 체계는 무엇입니까?

책은 우리에게 지식과 영감을 주고 다른 세계로 이동시켜 줄 수 있습니다. *Angela's Ahes*의 한 구절이 우리로 하여금 계속 생각하게 만드는 이유는 무엇입니까? *Midnight in the Garden of Good and Evil*의 등장인물들에게 우리가 이끌리는 이유는 무엇입니까? 아룬다티 로이(Arundhati Roy)의 *The God of Small Things*을 읽으면서 인도에 대해 무엇을 배울 수 있습니까? *Chicken Soup for the Soul*은 삶에 대해 무엇을 생각하게 해줍니까?

영감을 주는 책이나 경영에 관한 책, 논픽션이나 픽션 등 무엇을 읽든지, 책을 읽을 때에 예리하게 감동을 주는 구절들을 대함으로써 우리의 내면에서 하나님을 발견하기 위한 비옥한 땅을 마련할 수 있습니다.

  우리가 읽는 모든 것이 일지 쓰기를 위한 자극이 될 수는 없습니다. 그러나 우리가 독서가 우리에게서 유도해내는 것에 반응하면 할수록, 우리의 정신과 마음은 자신이 읽은 내용과 하나님과의 대화로서 우리가 기록할 필요를 느끼는 것을 연결하려 할 것입니다. 물론 하나님과의 관계를 특히 진작시켜주는 책들이 있습니다. 우리가 읽을 수 있는 경건하고 영적인 서적이나 잡지들이 많습니다. 당신은 삶에서의 하나님의 역할을 의식적으로 깊이 생각하기 위해서 매일 묵상에 관련된 책을 읽고 일지를 기록할 수 있습니다. 다른 유형의 책이나 잡지들도 인생의 중요한 문제들에 대해 생각하게 만드는 자료가 될 수 있습니다. 우리는 하나님의 백성으로서 살고 있는 이 세상을 이해하기 위해서 다양한 책을 읽어야 합니다. 존 웨슬리는 "독서에 몰두하지 않는 사람은 은혜 안에서 성장할 수 없다. 책을 읽는 사람은 언제나 학식이 많은 사람일 것이다."라고 기록했습니다.

  읽을 때에는, 눈에 뜨이는 구절이나 표현에 밑줄을 긋기 위해서 펜이나 형광펜을 준비해두면 도움이 될 것입니다. 독서하는 시간이 일지쓰기에 적절하지 못한 시간일 수도 있습니다. 그러나 버스를 타고 출근하면서 신문을 읽으면서 밑줄을 그어 놓은 것이, 그날 저녁에 일지를 쓸 자료가 될 수 있습니다. 또는 소설 책을 읽다가 눈에 뜨이는 내용이 있는 페이지를 접어두면, 나중에 그 단락에 표현된 사상을 보다 깊이 다루어야 한다는 것을 기억할 수 있습니다.

  당신은 표시해둔 문장을 다시 읽으려 할 것이며, 보다 심오한 의미가 당신의 의식 속에 들어올 시간을 제공할 것입니다. 잠시 동안 집중한 후(심호흡, 긴장 풀기, 기도 등) 일지 쓰기를 시작하면서 이런 일을 해도 좋습니다. 편안한 마음으로 인용된 부분을 자세히 조사하십시오. 인용된 문장은 당신에게 어떻게 도전하거나 혼란하게 만들거나 위로를 줍니까? 그 부분을 통해서 하나님에 대해 무엇을 배울 수 있습니까? 그 부분을 읽으면서 자신에 대해 무엇을 발견합니까?

한 문장이나 문단, 또는 긴 기사를 요약한 것을 다루면서 이처럼 상세하게 생각하는 것이 자연스럽게 느껴지지 않을 수도 있습니다. 물론 모든 인용문을 다룰 때에 이러한 과정을 적용할 수 있는 것은 아닙니다. 그러나 자신의 관심을 사로잡는 단어들에 집중하는 시간을 많이 가질수록, 그 과정은 쉬워질 것입니다. 당신이 이 장 마지막 부분에 수록된 책들을 이용하지 않는다면, 중요한 인용문에 대한 반응으로 일지를 쓰는 것은 규칙적인 일지 쓰기에 우발적으로 추가하는 일이 될 것입니다. 일지 쓰기는 영을 자유롭게 해주는 훈련이라는 것을 기억하십시오. 그 날 발생한 특별한 사건에 대해 일지를 써야 할 때가 있습니다. 또 성경이나 성경이 아닌 책이나 꿈에 초점을 두고 일지를 써야 할 때도 있을 것입니다.

다음 한 주일 동안, 당신은 하나의 인용문을 사용하여 매일 일지를 쓰게 될 것입니다. 질문들은 이러한 인용문들에 응답하는 출발점으로서 제안된 것이지만, 거기에 구애될 필요는 없습니다. 이 한 주일 동안, 당신이 독서를 하면서 특별한 단어들의 도전을 받는다면, 여기에서 제공된 인용문 대신에, 또는 거기에 추가하여 당신이 선택한 인용문을 사용하십시오.

매일 일지 쓰는 시간에 집중하십시오. 인용문을 읽고 또 읽으십시오. 그 다음에는 기도하는 마음으로 주어진 질문을 깊이 생각하고 그에 대한 당신의 반응을 일지로 기록하십시오.

하나님은 여러 가지 방법으로 우리에게 오십니다. 이번 주에 책을 읽으면서 인용한 문장을 토대로 일지를 씀으로써, 우리에게 말씀과 언어를 선물로 주신 세상을 사랑하시는 분과 당신이 한층 더 가까워지기를 기도합니다.

첫째 날

기도의 말은 완성 전의 약속과 비슷하다…기도의 말은 헌신이다. 우리는 자신이 한 말을 위해 싸운다…[1] (Abraham Joshua Heschel)

- 당신의 기도 생활에 대해 생각할 때, 이 위대한 랍비의 말은 어떤 의미를 지닙니까?
- 당신의 기도 생활을 어떻게 묘사할 수 있습니까?
- 당신의 신앙 생활 중에서 변화시키고 싶은 부분이 있습니까?

둘째 날

발생하는 모든 일은 다시 하나의 시작이 된다는 것, 그리고 시작 자체는 항상 그렇게 아름다운 것은 아니므로 그것이 하나님의 시작이 될 수 없다는 것을 당신은 알지 못합니까?[2] (Rainer Maria Rilke)

- 어떤 일을 다시 시작하고 새롭게 시작하게 하시는 은혜를 느껴본 경험이 있습니까?
- 이 시점에서 당신을 위한 하나님의 새로운 시작이라고 여기는 것은 무엇입니까?
- 새로운 시작에 대해서 생각할 때에 다음과 같은 성경 구절은 당신에게 어떤 영향을 줍니까?
  [창세기 1:1-2; 요한복음 1:1-5; 데살로니가후서 2:13]

셋째 날

순수하게 현재를 경험한다는 것은 자신이 완전히 비워지는 것입니 다. 당신은 폭포 밑에서 컵에 물을 채우는 사람처럼 은혜를 받습니 다.[3] (Annie Dillard)

- 당신이 "순수하게 현재를 경험하는" 방법은 무엇입니까?
- "완전히 비워진다"는 이미지가 당신의 영성생활에 도움이 됩 니까? 당신은 폭포처럼 강력하게 임하는 하나님의 은혜를 느 낄 수 있습니까?

넷째 날

이 지구 상에 살면서 걸어다니는 형제가 있다고 느끼는 것은 좋은 일이다. 생각해야 할 것이 많고, 해야 할 일이 많을 때, 우리는 때때 로 이런 느낌을 받는다: 나는 어디에 존재하는가? 나는 무엇을 하 고 있는가? 나는 어디로 가고 있는가?—우리의 두뇌를 계속하여 돌 아간다. 그러나 그 때 아주 친숙한 음성이 우리로 하여금 자신이 땅 에 두 발을 딛고 서 있다는 것을 느끼게 해준다.(빈센트 반 고흐)

- 당신으로 하여금 땅위에 확실히 서 있음을 느끼게 해준 형제 나 자매가 있습니까?
- 당신의 영적 여정에 동참해 주며, 당신이 "나는 어디에 존재하 는가? 나는 무엇을 하고 있는가? 어디로 가고 있는가?"를 생각 하는 데 도와준 친구의 이름을 말해 보십시오.
- 당신은 다른 기독교인에게 어떻게 그러한 친구가 되어줍니 까?

다섯째 날

두려움이 문을 두드렸습니다.
믿음이 대답합니다
안에 아무도 없다고.(영국의 전설)

두려움은 믿음의 부재이다.(폴 틸리히)

- 예상치 못했던 문제나 상황이 닥칠 때, 당신은 두려움으로 대처합니까, 아니면 믿음으로 대처합니까?
- 눈을 감으십시오. 최근에 두려움을 느꼈던 순간을 기억해 보십시오. 그 느낌을 가지고 자리에 앉아서 오늘의 인용문을 다시 읽으십시오. 그리고 당신 자신에게 보내는 편지를 쓰십시오. 당신이 두려워하던 때를 회고하면서 그 때에 두려움이 아니라 하나님의 임재에 초점을 두었으면 어떻게 되었을지 기록해 보십시오.
- 당신의 삶에서 믿음을 증가되고 두려움은 감소되게 해달라는 기도문을 적으십시오.

여섯째 날

산다는 것은 서서히 탄생하는 것이다.(Antoine de Saint-Exupéry)

피조물이 다 이제까지 함께 탄식하며 함께 고통하는 것을 우리가 아나니 이뿐 아니라 또한 우리 곧 성령의 처음 익은 열매를 받은 우리까지도 속으로 탄식하여 양자될 것 곧 우리 몸의 구속을 기다리느니라.(롬 8:22, 23)

우리는 각기 탄생의 고통을 경험합니다. 어떤 사람은 실제로 출산을 경험합니다. "탄생의 고통"을 통해서 중요한 계획이나 사상이 배출되기도 합니다. 새로운 자아는 오랫 수고의 결과입니다.

· 당신의 삶을 변화시킨 탄생의 경험은 무엇입니까?
· 출산할 때의 느낌은 어떠했습니까?

일곱번째 날

우리는 자신을 세상의 흐름과 연결시켜 줄 일—그것이 무엇이든지 간에(그것은 때대로 변화된다)—을 해야 한다고 생각한다. 우리는 어떤 대가를 치르더라도 그 일을 우선적으로 해야 한다. 그렇지 않으면 아무 것도 할 수 없다. 우리는 은혜에서 벗어난다.[5] (Anne Morrow Lindbergh)

· 당신을 세상의 흐름과 연결시켜 준 행동은 어떤 것이었습니까?
· 그러한 행동을 하기 위해 어떤 대가를 치렀습니까/
· 린드버러의 말은 "사람이 믿음이 있노라 하고 행함이 없으면 무슨 유익이 있으리요?"라는 야고보서 2:14과 어떻게 연결됩니까?

참고문헌

Bread for the Journey: A Daybook of Wisdom and Faith, Henri J. M. Nouwen (San Francisco: Harper San Francisco, 1997).
Talking Drums: An African-American Quote Collection, ed. Anita Doreen Diggs (New York: Saint Martiin's Press, 1996).
Where Only Love Can Go: A Journey of the Soul in the the Cloud of Unknowing, ed. John Kirvan (Notre Dame, Ind.: Ave Maria Press, 1996).
Simple Truths: Clear and Gentle Guidance on the Big Issues in Life, Kent

Nerburn (NoVato, Calif.: New World Library, 1996).

The Wisdom of Women, ed. Carol S. La Russso (Novato, Calif: Classic Wisdom, New World Library, 1992).

Light One Candle: Quotes for Hope and Action, ed. Wayne Meisel and Maura Wolf (White Plains, N.Y.: Peter Pauper, 1991).

Random Acts of Kindness, the editors of Conari Press (Berkery, Calif.: Conari, 1993).

주

1) Abraham Joshua Heschel, *Man's Quest ofr God* (New York: Charles Scribner's Sons, 1954), 26.
2) Rainer Maria Rilke, *letters to a Young Poet* (New York: W. W. Norton & Co,m 1934), 49-50.
3) Annie Dillard, *Pilgrim at Tinker Creek* (New York: Bantan Books, Inc., 1974), 82.
4) Irving and Jean Stone, ed., *My Life and Love Are One: Quotations from the Letters of Vincent van Gogh to this Brother, Theo*(Boulder, Colo.: Continental Publications, 1976), 25.
5) Anne Morrow Linebergh, *War Within and Withour: Diaries and letters of Anne Morrow Lidnbergh, 1939-1944* (New York: Berkery Books, 1980), 38.

독서를 토대로 하여 일지 쓰기

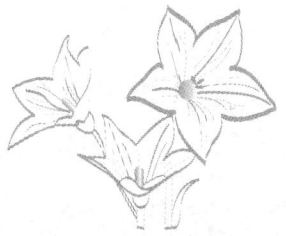

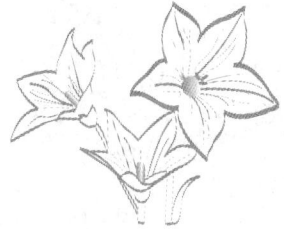

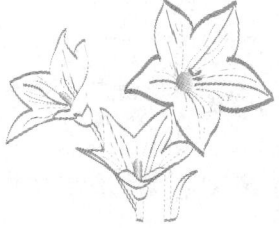

일지 쓰기로서의 대화

　당신이 평범한 사람이라면, 하루에 적어도 열 번 이상 대화할 것입니다. 수퍼마켓의 점원과 날씨에 대해 이야기하고, 배우자와 어떤 문제로 다투기도 하고, 친구와 정치적인 문제를 토론하고, 십대 청소년의 장래에 대한 고민을 들어주기도 할 것입니다. 당신이 나누는 대화 중에는 심오하고 의미있는 것도 있고, 그저 시간을 보내기 위해 나누는 대화도 있습니다. 당신이 가족들이나 친구나 사업상 아는 사람이나 낯선 사람과 대화를 할 때에, 겉보기에는 평범한 대화를 통해서 하나님이 당신에게 말씀하실 수도 있습니다. 정원사나 우체부와 잠시 나누는 대화에서 새로운 아이디어를 얻을 수도 있습니다. 신뢰하는 친구와 나누는 긴 대화는 당신 자신과 세상을 보는 방법에 영향을 줄 수도 있을 것입니다.

　그러한 대화를 기록해 두면, 대화중에 당신이 말하고 듣고 느낀 것을 객관적으로 바라볼 기회를 확보하게 됩니다. 당신이 말하고 싶었던 것은 무엇입니까? 당신과 대화를 나눈 사람이 말해 주기를 바라는 일들이 있었습니까? 특별한 단어나 구절에서 당신이 나타내려 했던 바는 무엇입니까? 종종 대화를 기록하는 습관은 하나님께서 자신의 위대하심과 자비를 선포하기 위해서 당신의 말이나 상대방의 말을 사용하시는 방법에 대해 생각해볼 기회를 제공합니다.

모든 대화를 일지에 기록해야 하는 것은 아닙니다. 그러니 안심하십시오. 나중에 기록하기 위해서 특별한 단어나 구절을 암기해야 한다고 생각하면서 대화하지 마십시오. 만일 당신의 대화를 통해서 하나님께서 당신에게 말씀하실 수 있도록 개방적인 태도를 지니고 살아간다면, 어떤 대화들은 일지를 쓰기 위한 소중한 자료가 될 수 있습니다.

대화를 할 때에는 자연스럽게 물 흐르듯이 하십시오. 만일 어떤 특별한 말이 감명을 주면, 머리 속에 담아 두십시오. 그러면서도 상대방이 하는 말에 계속 집중하고, 그 사람과의 관계가 되도록 의미 있는 관계가 될 수 있도록 적극적으로 경청하십시오. 퀘이커 교도인 조지 폭스(George Fox)는 "모든 사람 안에서 이루어지는 하나님의 대답"에 대해서 말했습니다. 대화를 하는 동안에는 다른 말로 표현되는 하나님의 대답을 받아들이려는 태도를 지니십시오.

정확한 대화를 인용할 필요는 없습니다. 중요한 것은 전반적인 분위기와 감정을 기억하는 것입니다. 예를 들어, 당신은 외교 정책과 관련하여 당신과 매우 다른 견해를 가진 이웃 사람과 토론을 하면서 그 대화를 일지에 기록함으로써 나중에 그 대화를 계속하려 할지도 모릅니다. 또는 배우자와 대화하면서 결혼생활에서의 이 특별한 단계를 기억하기 위해서 당신이 한 말을 일지에 기록하고 싶을 수도 있을 것입니다.

대화를 일지에 기록하는 일은 다른 일상적인 사건을 기록하는 일과 훌륭하게 연결됩니다. 당신이 하는 말이나 듣는 말은 일상적인 경험의 일부입니다. 대화를 되도록 정확하게 기록하는 기술을 계발하면, 그만큼 삶의 상세한 내용을 더 잘 기록할 수 있습니다.

대화를 길게 하거나 감동적으로 하려고 노력할 필요는 없습니다. 그렇지만 대화를 통해서 하나님을 어렴풋이 볼 수 있어야 합니다. 그 대화가 당신의 믿음을 지원해 주었습니까, 아니면 도전했습니까? 이 대화는 살면서 신앙을 실천하려는 당신의 노력을 반영해 줍니까? 다른 사람의 말을 통해서 하나님께서 당신에게 주시려는 특별한 메시지가 있습니까?

일상생활에서의 대화를 일지에 기록하는 것은 당신에게 중요한 영성훈련이 될 수 있습니다. 또 나누고 싶은 대화를 기록하는 것도 유익할 것입니다. 어머니와의 갈등을 풀어야 합니까? 어머니와 나누고 싶은 대화를 일지에 기록하고, 그러한 친밀한 이해가 실생활에서 발생하게 해달라고 기도하십시오. 지금은 세상을 떠난 친구에게 말할 기회가 없었던 일들이 있습니까? 일지에 기록하십시오.

대화라고 해서 반드시 사람들이 얼굴을 마주 보고 해야 하는 것은 아닙니다. 당신은 일지에 단어들을 기록하는 동안에 내면에서 강력한 감정들이 솟아나는 것을 발견할 수도 있습니다. 만일 당신이 특별히 아픈 기억이나 경험에 직면하고 있다면, 상처를 주고 있는 일을 긍정적으로 바라보는 데 도움이 될 친구나 상담자나 목사님을 만나 의논하고 싶을 수도 있습니다. 일지 쓰기는 하나님과의 대화를 기록할 수 있는 시간과 공간을 제공합니다. 고난에 대해서 영원하신 분과 어떤 대화를 나누렵니까? 하나님께서 당신의 기도에 응답하신다고 상상하는 것이 도움이 될까요? 전능하신 하나님께서 지금 당신에게 무엇을 말씀하려 하실까요?

당신 자신과의 대화는 어떻습니까? 당신은 어려운 결정을 앞두고 혼란을 느끼고 있습니까? 당신의 인생이 불행하다고 생각됩니까?

당신 자신과 나누는 대화를 기록해 보십시오. *Fiddler on the Roof*에 등장하는 테브야를 기억하십니까? 그는 종종 하나님과의 대화와 자신과의 대화에 의해서 삶의 균형을 이루었습니다. 테브야는 자신이 유대인으로서 당한 박해의 경험을 내적 대화와 하나님과의 대화를 통해서 내놓고 이야기했습니다.

　가상의 대화나 실제의 대화, 하나님과의 대화나 자신과의 대화, 친한 친구와의 대화나 지나가는 사람과의 대화 등을 일지에 기록하는 것은 당신의 독특한 영적 여정에 대한 이해와 통찰을 제공해줄 수 있습니다. 다른 사람들과 실제로 상호 작용할 때에 당신은 상대방의 감정에 대한 배려, 비밀 보장의 욕구, 공손해야 함 등의 제한을 받습니다. 반면에 일지를 쓸 때에는 당신이 듣거나 하는 모든 말 속에 현존해 계시는 하나님께 자신을 정직하게 개방할 수 있습니다.

　이번 주에도 일지를 쓸 때에, 먼저 당신의 삶 속에서 역사하시는 하나님의 능력을 받아들이기 위해 집중하는 훈련을 하십시오. 그 다음에 실제 대화의 내용을 기록하거나 당신이 원하거나 필요하다고 생각되는 대화를 만들어 기록하십시오. 형식에 구애되지 마십시오. 이야기하는 사람을 단순하게 묘사하십시오. 필요한 경우에는 "이렇게 말할 때에 그의 두 눈은 뜨겁게 타올랐다", "그녀는 낮고 부드러운 음성으로 말했다", 또는 "이 말을 듣기가 정말 거북했다" 등 편집상의 논평도 추가하십시오.

　일지 쓰기를 마치면, 잠시 대화나 대인관계나 욕구에 적절한 기도를 하십시오. 당신이 느끼는 것보다 더 당신을 사랑하시는 하나님이 당신의 말을 듣고 이해하실 것이라고 확신하십시오. 백일몽도 현실화할 수 있듯이, 당신의 말(비록 당신 자신만을 위해 기록한 것이라도)도 예수 그리스도 안에서 온전함으로 이어질 수 있다는 것을 깨달으십시오.

일지쓰기로서의 대화

에필로그

미래를 바라보십시오

　당신은 여섯 주일 동안 영성일지를 기록하는 훈련을 해왔습니다. 한 주일 동안은 당신이 생활 속에서 경험하는 것들의 의미를 발견하려고 노력했고, 성경을 일지 쓰기를 위한 기초로 사용했습니다. 묵상은 당신을 새로운 상상의 세계로 인도해 주었습니다. 그리고 당신은 자신의 꿈과 관련된 모험과 이야기도 다루어 보았습니다. 또 독서가 일지에서 다룰 내용이 될 수도 있다는 것을 깨달았고, 하나님을 보다 친밀하게 아는 방법으로서 대화를 일지에 기록해 보았습니다.

　물론 그 중에서 개인적으로 당신에게 흥미롭거나 실질적으로 여겨지는 한두 가지 방법이 있었을 것입니다. 우리는 당신이 영성 일지를 작성하면서 사용할 수 있는 몇 가지 방법을 발견했기를 바랍니다. 당신은 어떤 날은 일지를 쓰기 전에 당신을 안아 주시는 하나님의 말씀이 필요하고, 어떤 날은 자리에 앉아 하나님이나 자신의 내적 자아와의 대화를 기록하기 시작해야 한다는 것을 깨달았을 것입니다. 이 방법들은 모두 유익할 수 있으며, 성경공부, 피정, 금식, 침묵 등 다른 훈련들과 결합하여 사용할 수도 있습니다.

사람마다 개성이 있듯이, 일지를 쓰는 데도 본질적으로 각 사람에게 적합한 방법이 있을 것입니다. 일지를 쓰는 사람이 한 동안은 표지가 예쁜 일기장에 청색 펜으로 꼼꼼하게 작은 글씨로 기록하다가, 얼마 후에는 갈색 스프링 노트에 굵은 글씨로 기록할 수도 있습니다. 어떤 부분에서는 세상의 고통과 자신의 불행에 대해 하나님과 고민하면서 대화를 하다가, 뒷부분에서는 삶의 경이로움과 아름다움으로 인해 하나님을 찬양할 수도 있을 것입니다. 일지를 쓰는 사람의 문체는 그의 삶에 따라 변화될 것입니다. 그러나 일지를 쓰는 행동은 그로 하여금 창조주 하나님은 결코 변하지 않으신다는 것을 생각하게 합니다. 일지 쓰기는 그가 삶의 모든 변화를 통과하는 동안에도 사랑받고 보호받고 소중히 여겨진다는 것을 기억하게 해줍니다.

살다 보면 기록해둔 일지를 다시 읽는 것이 유익할 때가 있을 것입니다. 삶에 대해 많은 것—감정, 질문, 성장 등—을 상세히 기록한 일지를 읽으면서 매 년 한 차례씩 피정을 행할 수도 있을 것입니다. 이것은 하나님 안에서 당신의 삶을 평가하는 시간이 될 수 있습니다. 당신의 믿음은 얼마나 성장하고 있습니까? 당신에게 계속 힘이 되는 성경 구절은 무엇입니까? 살면서 발생하는 다른 사건들도 당신으로 하여금 일지를 쓰게 할 것입니다. 당신은 비슷한 문제를 어떻게 다루었습니까? 암에 걸린 친구에 대한 기억을 일지에 기록해 두었습니까? 작년 성탄절에 배우자와 나눈 대화는 지금 그의 감정을 이해하는 데 도움이 됩니까?

일지는 당신만이 볼 수 있습니다. 일지를 스는 것이 개인적인 일이 되어야 한다는 것이 얼마나 중요한지 당신과 함께 사는 사람들이 알아야 합니다. 일지를 쓰는 것은 당신 자신만을 위한 일이라는 확신이 서면, 자신에 대해 아무 것도 감추지 않고 솔직하게 기록할 수 있을 것입니다. 어떤 사람은 유서에 자신이 죽으면 자신이 기록한 일지들을 없애버리라는 조항을 삽입하기도 합니다. 그러한 조항을 기록하기 전에 다음과 같은 질문을 해보십시오: 만일 당신이 죽은 후에 사랑하는 가족들이 당신의 일지를 읽는다면 당신을 보다 잘 이해할 수 있지 않을까요? 그들은 일지가 당신의 참 모습을 보여 주는 선물이라고 여기며, 사랑과 이해의 시선으로 당신을 바라보지 않을까요? 만일 당신이 유서를 작성하려 한다면, 친구들과 가족들에게 당신의 소원을 말해 주십시오. 그렇게 함으로써, 혹시 그들이 유서를 읽기 전에 당신의 재산을 분배하더라도, 당신에게는 비밀을 보장받는 것이 매우 중요하다는 것을 분명히 이해할 것입니다.

일지가 아무리 개인적인 것이라도, 잃어버릴 경우를 대비하여 겉면에 이름과 주소를 써 두는 것이 좋습니다. 혹시 일지를 잃어버리면, 마치 불이 나서 소중한 앨범을 잃어버렸을 때처럼 인생의 중요한 부분을 잃어버린 기분일 것입니다. 당신은 일지를 되찾기 위해서 백방으로 노력하겠지만, 누구도 그 일지에 당신처럼 큰 관심을 갖지는 않을 것입니다.

당신은 영적 일지를 쓰는 훈련을 계속하면서 당신 나름의 일지 쓰는 방법과 결합시킬 수 있는 새롭고 유익한 방법들을 발견하게 될 것입니다. 그런 예를 들어보면 다음과 같습니다:

• 예술품의 창조적인 표현은 당신이 일지를 쓰는 경험을 풍부하게 해 줄 수 있습니다. 당신은 일지에 기록한 항목들을 형광펜이나 수채화 물감으로 표현할 수 도 있을 것입니다. 기쁨을 그림으로 나타낼 수도 있습니다. 신앙과 관련된 질문을 나타내려면 무슨 색이 적합하겠습니까?

또 당신은 진흙을 사서 조각품을 만들어 볼 수도 있습니다. 성경 공부를 하고 나서, 바디메오의 얼굴을 조각하거나 병이 나은 것을 알고 예수님께 돌아와 감사한 열번째 문둥병자의 기쁨을 조각으로 표현하려 할 수도 있습니다.

일지를 쓰는 데 있어서 문법이나 철자법이 중요한 것이 아니듯이, 독창적인 표현 방법을 일지에 사용함에 있어서 예술적인 기술이 부족하여 주저할 필요는 없습니다. 다른 사람에게 보여 주지 않는 한, 당신이 그리거나 조각하는 것은 오직 당신 자신만을 위한 것입니다.

• 자신의 자서전을 쓰고 싶은 느낌을 받을 수도 있습니다. 두세 페이지 정도로 짧게 쓸 수도 있고, 상세하게 길게 쓸 수도 있습니다. 어쨌든, 당신은 당신의 삶에서 어떤 측면들이 당신이 믿음이 발달해온 방법, 당신이 믿음의 여정에서 지향하는 삶에서 하나님이 역사하신 방법을 예증해주는지를 깊이 생각하려 할 수도 있습니다. 또 당신이 기록한 내용에 옛날 사진들을 첨부하려 할 수도 있습니다. 지금까지의 당신의 삶을 성찰하는 것이 하루나 이틀 동안 행하는 피정의 초점이 될 수도 있습니다.

만일 당신에게 해결되지 않는 슬픔이나 분노 등의 부정적인 감정이 있다면, 일지를 쓰는 동안에 되도록 많은 사랑과 지원으로 당신을 둘러싸려 할 것입니다. 기독교인 상담자, 피정 센터의 직원, 목회자, 친구, 또는 가족들은 기도하는 당신을 지원해 줄 수도 있습니다.

• 경건 서적은 영적 여정을 일지로 기록하는 데 유익한 동반자가 될 수 있습니다. 다음의 책들은 영적 여정의 여러 가지 측면으로 안내해 주는 실질적인 안내서들입니다:

Dimensions of Prayer: Cultivating a Relationship with God, Douglas V. Steere (Nashville, Tenn.: Upper Room Books, 1997).
Soul Feast: An Invitation to the Christian Spiritual Life, by Marjorie J.

Thompson (Louisville, Ky.: Wetsminster John Knox Press, 1995).
Responding to God: A Guide to Daily Prayer, Martha Graybeal Rowlett (Nashville, Tenn.: Upper Room Books, 1996).
Handbook for the Soul, ed. Richard Carlson and Benjamin Shield (New York: Little, Brown and Co., 1995).
The Weavings Reader: Living with God in the World, ed. John S. Mogabgab (Nashville, Tenn.: Upper Room Books, 1993).
Sleeping with Bread: Holding What Gives You Life, Dennis Linn, Sheila F. Linn, and Matthew Linn (Mahwah, N.J.: Paulist, 1995).
From Beginning to End: The Rituals of Our Lives, Robert Fulghum (New York: Villard Books, 1995).
Chicken Soup for the Soul: 101 Stories to Open the Heart and Rekindle the Spirit, written and comp. Jack Canfield and Mark V. Hansen (Deerfield Beach, Fla.: Health Communications, 1993).
The Cup of Our Life: A Guide for Spiritual Growth, Joyce Rupp (Notre Dame, Ind.: Ave Maria, 1997).
Dokota: A Spiritual Geography, Kathleen Norris (New York: Houghton Mifflin, 1998) and *The Cloister Walk*, Kathleen Norris(Old Tappan, N.J.: Macmillan Library Reference, 1997).
Late Have I Loved Thee: The Recovery of Intimacy, Susan A. Muto (New York: Crossroad Publishing, 1995).

• 영적 여정에 관한 책 중에는 특별한 삶의 문제, 기도의 관심사, 신학적인 발달 등에 초점을 두는 데 도움이 되는 훈련을 포함한 것들이 있습니다. 다음의 책들은 개인이나 그룹에서 사용할 수 있는 것들입니다:

The Hunger of the Heart: A Call to Spiritual Growth Workbook, Ron DelBene with Mary and Herb Montgomery (Nashville, Tenn.: Upper Room Books, 1995).
The Workbook of Living Prayer, Maxie Dunnam (Nashville, Tenn.: Upper Room Books, 1994).

• 설교집, 성경에 기초를 둔 이야기, 또는 성구 묵상 등은 우리가 일지를 기록하는 데 도움을 줍니다. 다양한 성구에 대해 새로운 관점

을 제공해주는 책들의 예를 들어보면 다음과 같습니다:

The Gospel of Gabriel: A Novel of the Life of Jesus Christ, Edward Hayes (Leavenworth, Kans.: Forest of Peace Publishing, 1996).

Stories of Awe and Abundance, Jose Hobday (Kansas City, Mo.: Sheed & Ward, 1995).

Do What you Have the Power to Do: Studies of Six New Testament Women, Helen Bruch Pearson (Nashville, Tenn.: Uppeer Room Books, 1996).

The Carpenter and the Unbulider: Stories for the Spiritual Quest, David M. Griebner (Nashville, Tenn.: Upper Room Books, 1996).

In the Shade of Terebinth: Tales of a Night Journey, Gabriel Meyer (Leavenworth, Kans: Forest of Peace Books, 1994).

The Way to Love: The Last meditations of Anthony de Mello (New York: Doubleday, 1995).

Hard Questions, Heart Answers: Sermons and Speeched, Bernice A. King (New York: Doubleday, 1996).

Aspects of Love: An Exploration of I Corinthians 13, J. Barrie Shepherd (Nashville, Tenn.: Upper Room Books, 1995).

Bread of Angels: New Sermons, by Barbara Brown Taylor (Boston, Mass.: Cowley Publications, 1997).

No Other Help I Know: Sermons on Prayer and Spirituality, ed. J. alfred Smith Sr. (Valley Forge, Pa.: Judson, 1996).

• 특히 생각을 유발하는 소설들이 있습니다. 그런 책들은 독자들로 하여금 자신의 믿음을 새로운 방법으로 생각하게 만들 수 있습니다. 이러한 책들은 단순히 줄거리를 읽는 데 그치는 것이 아니라 하나님께 더 가까이 가기 위한 방법으로 사용되어야 합니다. 다음의 소설들은 내가 신학을 공부하는 동안 개인적으로 나에게 도전해온 책들입니다:

Such Good People, Martha Whitmore Hickman (New York: Warner Books, 1996).

Saint Maybe, Anne Tyler (New York: Random House Value Publishing, 1995).

Where Love is, There God is Also, Leo Tolstoy (Nashville, Tenn.: Thomas Nelson, 1993).

The Christ Commision, Og Mandino (New York: Bantam Books, 1983).
Night, Elie Wiesel (New York: Bantam Books, 1982).
Snow Falling on Cedars, David Guterson (New York: Vintage Books, 1995).
Range of Motion, Elizabeth Berg (new York: Jove Puvlications, Inc., 1996).
Ishmael: An Adventure of the Mind and Spirit, Daniel Quinn (New York: Bantam Books, 1995).
So Far from God: A Novel, Ana Castillo (New York: Plume Books/NAL Dutton, 1994).
1959: A Novel, Thulani Davis (New York: Harper Collins Publishers, 1993).
The Bingo Palace, Louise Erdrich (New York: Harper Collins, 1995).

• 논픽션 중에서도 특별히 영적인 주제를 다루지 않는 책이라도 영성생활에 대한 새로운 통찰을 제공해줄 수 있는 책들이 있습니다. 다음의 책들은 당신의 내면 세계로 들어가는 새로운 문을 열어줄 것입니다:

Otherwise: New and Selected Poems, Jane Kenyon (St. Paul, Minn.: Graywolf Press, 1996).
Angela's Ashes: A Memoir, Frank McCourt (New York: Simon and Shuster, 1998).
Cries of the Spirit: A Celebration of Womens's Spirituality, ed. Marilyn Sewell (Boston, Mass.: Beacon Press, 1991).
The Shelter of Each Other: Rebuliding Our Families, Mary Pipher, Ph.D. (New York: putnam Publishing Group, 1996).
Poets for Life: 76 Poets Respond to AIDS, ed. Michael Klein (New York: Persea Books, 1992).
Road Song: A Memoir, Natalie Kusz (New York: Harper Collins Publishers, 1991).
Life Work, Donald Hall (Boston, Mass.: Beacon, 1993).

영성 일지를 계속 기록하면서, 당신은 삶 전체에서 하나님과 점점 더 조화를 이루는 것을 발견할 것입니다. 저녁에 극장에서 영화를 보면서, 새로 산 시집을 읽으면서, 친구에게서 걸려온 전화를 받으면서 당신은 일지를 쓰려는 욕구를 느낄 수도 있습니다. 당신은 삶의 모든 측면에서 일지에 기록할 내용을 발견할 것입니다.

살다 보면 일지 쓰기가 무척 어렵게 여겨질 때도 있을 것입니다. 아마 당신은 일지를 쓰지 않으려고 여러 가지 구실을 찾아낼 것입니다. 일지를 쓰는 것이 전처럼 많은 의미를 갖지 않는 듯이 보입니다. 심지어 당신은 어디에서부터 일지를 쓰기 시작해야 하는지조차 알지 못합니다. 그런 시기에는 자신을 관대하게 대하고, 동시에 일지를 쓰는 것을 방해하는 것이 있는지 알기 위해 보다 깊이 살펴 보아야 합니다. 당신은 우울하거나 일지를 쓸 동기를 느끼지 못하고 있습니까? 우울함에서 빠져 나오는 여정을 시작하기 위해서는 일지 쓰는 일이 필요할 수도 있습니다. 당신은 과도하게 많은 일을 하고 있습니까? 30분 동안 일지를 쓴다면, 시간의 우선 순위를 정하는 데 도움이 될 것입니다. 당신은 하나님과 대화해야 할 필요를 느끼지 못합니까? 펜과 종이를 들면 하나님과의 대화의 통로가 다시 열릴 것입니다.

많은 사람들은 남은 인생을 위해서 매일 일지를 써야 한다고 생각하는데, 그것은 비현실적인 생각입니다. 그러나 우리는 대체로 다른 기독교 신앙 훈련과 병행하여 규칙적으로, 혹은 간헐적으로 일지를 씀으로써 큰 유익을 얻을 수 있습니다. 당신이 신앙과 삶의 문제들을 해결하고 인간됨의 의미를 탐구하는 데 있어서, 일지는 당신의 영적 친구, 거울, 안전한 장소가 될 수 있습니다. 일지는 쓰는 과정에서 통찰이나 돌파구를 찾거나, 또는 세월이 흘러야 통찰이 임할 수도 있습니다. 그러나 일지는 당신이 어떤 존재이며 어떻게 성장했는지를 보여주는 평생의 기록입니다. 하나님의 능력에 당신 자신을 개방하는 동안 나도 당신과 함께 기도할 것입니다. 당신이 일지를 기록할 때에 하나님의 능력은 당신 안에서 일하시고 당신의 삶의 다른 모든 측면에서 일하실 것입니다. 당신이 처음으로 일지를 기록하거나, 아니면 오랫동안 일지 쓰기의 혜택을 누려왔거나 간에, 일지를 쓰는 동안 당신은 자신을 발견하고 하나님과 보다 가까워질 것입니다.